Inhalt

Liebe Weihnachts-Fans,

wahrscheinlich spreche ich Ihnen aus der Seele, wenn ich sage: Ich bin einfach eine „Süße". Bereits als Kind habe ich für mein Leben gern gebacken – zur Freude meiner ganzen Familie. Schon früh stand für mich fest, dass ich Konditorin werden möchte. Und Plätzchenbacken war und ist meine größte Leidenschaft. Jedes Jahr warte ich ungeduldig auf die Vorweihnachtszeit, um endlich wieder Teig kneten und Plätzchen ausstechen und verzieren zu können. Wenn dann Zimt- und Nelkenduft durch das Haus strömen und alle sich an den süßen Knabbereien erfreuen, geht mir das Herz auf. Besonders viel Spaß bereitet es mir, neue Rezepte zu kreieren oder Klassiker durch wenige Kniffe zu verändern. Die Ideen dafür kommen mir während des Backens, aber auch, wenn ich beim Einkaufen spannende, neue Zutaten entdecke. Das Schönste für mich ist: Die Leidenschaft fürs Plätzchenbacken ist inzwischen auch auf meine Kinder übergesprungen – sie helfen mit Feuereifer mit, Kekse auszustechen, Glasuren anzurühren und Zuckerperlen aufzustreuen. Ich hoffe, dass Sie in meinem Buch das ein oder andere Rezept finden, das Sie zum Nachbacken (und Vernaschen) verführt!

Viel Spaß dabei und eine fröhliche, entspannte Vorweihnachtszeit

wünscht Ihnen Ihre

Angelika Schwalber

KLEINE WEIHNACHTS-BACKSCHULE

Nützliches von A bis Z
für die gelungene Weihnachtsbäckerei

ZUTATEN VON A–Z

Für leckere Plätzchen, Lebkuchen, Stollen und Co. braucht es oft nicht viel. Vielmehr steht und fällt das Backergebnis mit der Qualität der Zutaten. Hier finden Sie eine kleine Übersicht der Zutaten, die in meinen Rezepten eine große Rolle spielen.

Butter

Süßrahmbutter wird aus frischer Sahne hergestellt. Sie ist ungesäuert und hat einen milden, sahnigen Geschmack.

Sauerrahmbutter entsteht aus gesäuerter Sahne. Ihr Geschmack ist säuerlich bis kräftig frisch.

Eier

In der Regel gelten die Mengenangaben in den Rezepten für Eier der Gewichtsklasse M. Hier wiegt das Eigelb 20 g und das Eiweiß 30 g.

Farben zum Verzieren

Mit fettlöslichen Lebensmittel- bzw. speziellen Schokoladenfarben (pulverförmig oder flüssig erhältlich) lassen sich Zuckerguss, Marzipan und weiße Kuvertüre färben.

Fondant

Hierfür wird eine Zuckerlösung aufgekocht und anschließend auf einer Marmorplatte mit einer Palette so lange verstrichen („tabliert"), bis eine cremige, weiß glänzende Masse entsteht. Fertigen Fondant bekommt man übers Internet. Wie er zum Glasieren verwendet wird, lesen Sie auf Seite 15. Nicht zu verwechseln mit Rollfondant, dieser kommt im Buch nicht zum Einsatz.

Hohlkörper

Die leckeren Pralinenhüllen zum Befüllen kann man aus weißer, Vollmilch- und Zartbitterkuvertüre in Lagen mit 63 Stück im Internet bestellen.

Honig

Das älteste Süßungsmittel der Menschheit ist sehr licht-, hitze- und feuchtigkeitsempfindlich. Honig sollte luftdicht verschlossen und dunkel bei 17 bis 20 °C gelagert werden.

Ingwer

Die asiatische Knolle wird in der Weihnachtsbäckerei vor allem als Pulver oder kandiert verwendet. Ingwer verleiht Gebäck eine feine Hintergrundschärfe.

Kakaopulver

Kakaopulver wird durch das Vermahlen von Kakaobohnen, denen zuvor der größte Teil an Kakaobutter entzogen wurde, gewonnen. Reines Kakaopulver hat ein kräftiges, leicht bitteres Aroma.

Kardamom

Ich verwende ihn oft bereits gemahlen. Ganze Kapseln für Konfitüren und Co. drücke ich vor dem Einsatz mit den Fingern an, damit sie ihr Aroma besser abgeben.

Kokos

Für Kokosraspel wird das getrocknete Fruchtfleisch der Kokosnuss fein geraspelt, für Kokoschips gehobelt.

Kuvertüre

Gibt es in Weiß, Vollmilch und Dunkel. Der Kakaoanteil von dunkler Kuvertüre liegt je nach Herstellung bei 60 bis 90 %, bei Vollmilchkuvertüre bei 30 bis 45 %. Weiße Kuvertüre besteht hauptsächlich aus Zucker, Kakaobutter und Milchpulver.

Mandelpuder/-mehl

Wird aus geschälten Mandeln hergestellt und ist sehr viel feiner als gemahlene Mandeln. Erhältlich im Bioladen. Zum Selbermachen siehe Tipp Seite 86.

(Vegane) Margarine

Kann wie anderes Pflanzenfett beim Backen als veganer Ersatz für Butter verwendet werden.

Marzipanrohmasse

Gibt es als Block zur Weiterverarbeitung in Füllungen oder Massen. In der Rohmasse ist der Zuckeranteil geringer als im Dekormarzipan, etwa für Marzipandeckel oder Figuren. Für Marzipan zum „Eindecken" wird noch 20 % Puderzucker unter die Rohmasse geknetet. So ist es leichter zu verarbeiten.

Mehl

Mehl ist nicht gleich Mehl. Je nach Rezept können unterschiedliche Mehlsorten und -typen zum Einsatz kommen. Für Plätzchen eignet sich am besten Weizenmehl Type 405 oder Dinkelmehl Type 630.

Muskatnuss

Ich verwende immer frisch geriebene Muskatnuss, weil sie dann am meisten Aroma enthält.

Nüsse und Kerne

Es ist wichtig, dass sie frisch sind. Alte Nüsse und Kerne schmecken muffig. Daher immer vor dem Verwenden daran riechen und das Haltbarkeitsdatum prüfen. Für noch mehr Geschmack: Kurzes Anrösten in einer Pfanne ohne Fett intensiviert das Aroma.

Nussnougat

Die Masse aus gerösteten Haselnüssen, Zucker und Schokolade ist ideal für Füllungen geeignet.

Orangen- und Zitronenabrieb

Fein abgeriebene Schale von frischen Orangen oder Zitronen. Ich verwende immer Biofrüchte, die ich heiß wasche und abtrockne, bevor ich die Schale fein abreibe.

Pfeilwurzelmehl

Kann bei Gluten-Unverträglichkeit als Stärkeersatz verwendet werden. Das Pulver ist in Bioläden oder im Reformhaus erhältlich.

Piment

Auch Viergewürz oder Allgewürz. Es hat ein Aroma von Gewürznelke, Zimt, Pfeffer und Muskat.

Sternanis

Ein Stern besteht aus acht Fruchtkapseln mit je einem Samen. Fein gerieben verleiht Sternanis Teigen, Massen und Füllungen eine angenehm exotische Note. Ganze Sterne lasse ich gerne in Glühwein, Likören oder süßem Sud ziehen. Übrigens: Sternanis ist nicht mit Anis verwandt!

Trockenfrüchte

Ideal zum Backen, da die Plätzchen durch den geringen Flüssigkeitsanteil länger halten. Gleichzeitig wird Feuchtigkeit abgegeben: Die Plätzchen bekommen ein feines Aroma und sind mürber. Ich verwende am liebsten Soft-Früchte wie Soft-Aprikosen und Soft-Cranberrys, denn diese sind besonders saftig und aromatisch.

Vanilleschote

Um an das süße Vanillemark zu gelangen, muss man die Schoten der Länge nach mit einem spitzen Messer aufschneiden und dann das Mark herauskratzen. Vanillemark ist für mich zum Aromatisieren von Mürbeteig unersetzlich. Aus der ausgekratzten Schote lässt sich einfach Vanillezucker selbst herstellen. Hierzu ein Glas mit Schraubverschluss mit Zucker füllen und die ausgekratzte Schote hineinstecken. Sie gibt ihr Aroma an den Zucker ab und wird auf natürliche Weise konserviert. Oder die getrocknete Schote mit etwas Zucker fein mahlen und mit dem übrigen Zucker mischen.

Zimt

Ein klassisches Weihnachtsgewürz. Man unterscheidet zwischen Ceylon- und Kassia-Zimt. Der feine (und teurere) Ceylon-Zimt ist hell, sehr dünn und zerbrechlich. Chinesischer Zimt (Kassia-Zimt) ist im Geschmack würziger und dunkler, und seine Stangen sind dicker.

Zimtblüte

So heißen die Knospen des Zimtbaums nach dem Ende der Blütezeit. Sie bilden ihr Aroma beim Trocknen. Es erinnert an Zimt, Gewürznelken, Orangenschale und schwarzen Pfeffer. Gibt es im Supermarkt oder im Internet.

Zuckersorten

Kristallzucker, vor allem die feine Raffinade, ist leicht löslich und eignet sich sehr gut für Plätzchenteige und Baiser.
Braune Zuckersorten sind die Wahl für Gebäcke, in denen der malzige Karamellgeschmack erwünscht ist (z. B. Honigkuchen).
Puderzucker ist ideal zur Herstellung von Glasuren und zum Bestäuben von Plätzchen. Ich verwende ihn auch für feine Rühr- und Mürbeteige.
Hagelzucker ist ein sehr grobkörniger weißer Zucker, der sich gut zum Dekorieren von Gebäcken eignet.

UTENSILIEN

Plätzchenausstecher kann man nie genug haben, und sicher haben Sie eine Sammlung mit Lieblingsstücken zu Hause. Einige Formen für Stollen, Kuchen und Co. sowie eine kleine Spritzbeutel-Schule – und schon sind Sie bestens gerüstet!

BACKFORMEN

Springform Die Bratapfeltorte von Seite 172 wird in einer Springform mit 22 cm Ø gebacken. Wenn Sie eine größere Torte wünschen, rechnen Sie die Zutatenmengen einfach um: Von 22 auf 26 cm Ø × 1,4, von 22 auf 28 cm Ø × 1,6.

Backbleche und Backrahmen
Mehrere Backbleche sind praktisch. So können Sie bei Rezepten mit Umluft zwei Bleche zugleich backen. Wenn man Backpapiere auf die Backblechgröße zuschneidet, kann man diese auch schon mit den Plätzchen belegen und nur noch vorsichtig aufs Blech ziehen. Ein Backrahmen ist eine praktische Sache, den damit bekommen Sie schöne Ränder, auch bei Rezepten für ein ganzes Backblech mit 40 × 30 cm. Und für Rezepte mit kleineren Maßen, wie die Brownies von Seite 168 oder die Baumkuchenspitzen von Seite 128, können Sie die Größe genau passend einstellen.

Stollenhaube Stollen können Sie frei geformt auf einem Blech mit Backpapier oder in einer speziellen Stollenhaube backen. Im Rezept auf Seite 152 erkläre ich, wie der Stollen mit und ohne Form gebacken wird. Die Stollenhaube, mit der ich für dieses Buch gearbeitet habe, hat die Maße 13 × 29 cm.

Spezialformen Ein Muffinblech mit 12 Mulden (für die Lebkuchenmuffins von Seite 164) haben Sie wahrscheinlich ohnehin im Küchenschrank. Ansonsten habe ich versucht, wenig mit speziellen Formen zu arbeiten. Lediglich für den Rehrücken von Seite 160 brauchen Sie eine spezielle Rehrückenform mit 30 cm. Für die Bûche von Seite 174 habe ich mit einer speziellen Bûcheform mit 8 × 29 cm und einer Tortendekorschablone gearbeitet. Solche Formen finden Sie im Internet. Alternativ können Sie die Bûche auch in einer Rehrückenform und ohne Biskuitdekor zubereiten. Aber vielleicht kommen Sie beim Ausprobieren meiner weihnachtlichen Traumtorte ja auf den Geschmack!

So bleibt der Teig nicht kleben
Backbleche und Backformen stets mit Backpapier belegen, am besten während der Teig noch ruht. Dies ermöglicht später einen zügigen Arbeitsablauf. Alternativ die Bleche gut einfetten und mit Mehl bestäuben.

PLÄTZCHENFORMEN

In den meisten Fällen habe ich in meinen Plätzchenrezepten die Ausstechformen genau angegeben. Selbstverständlich soll das Ihrer Kreativität keine Grenzen setzen. Es werden dann einfach etwas mehr oder weniger Plätzchen. Und Sie sollten die Plätzchen im Ofen genau beobachten, die Backzeit ändert sich eventuell etwas. Für Spitzbuben werden oft Sets mit integriertem Lochausstecher angeboten. Alternativ nutzen Sie einen kleinen, runden Ausstecher – oder einfach den Fingerhut aus dem Nähkästchen.

Backzeiten
Jeder Herd backt anders, daher sind die in meinen Rezepten angegebenen Backzeiten nur als Richtwerte zu sehen. Generell gilt: Heizen Sie den Backofen immer vor und beachten Sie die in den Rezepten angegebenen Einschubhöhen. Wer ganz auf Nummer sicher gehen will, backt ein paar Probeplätzchen, wenn er ein Rezept das erste Mal ausprobiert, und ermittelt so die genaue Backzeit.

SPRITZBEUTEL

Mit das wichtigste Werkzeug des Konditors, vor allem wenn man mit mehreren Glasuren gleichzeitig arbeitet. Und auch das lästige Säubern entfällt, denn nach Gebrauch wird die Tüte aus Pergamentpapier einfach weggeworfen.

Spritzbeutel füllen

1 Zum Aufspritzen von Füllungen und zum Füllen von Pralinen am besten Einmalspritzbeutel verwenden, weil sich Schokolade nur mühsam aus Stoff- oder Kunststoffspritzbeuteln auswaschen lässt. Die Spitze des Einmalspritzbeutels abschneiden und die ausgewählte Lochtülle, am besten eine aus Metall, bis zur Spitze einführen.

2 Den Spritzbeutel oberhalb der Lochtülle mit einem Frischhalteclip verschließen. Den oberen Rand umschlagen. Die spritzfähige Füllung in den Spritzbeutel gießen und die Masse bis ganz nach unten laufen lassen.

3 Das Ende des Spritzbeutels über der Masse zusammendrehen. Die Klammer entfernen, den Spritzbeutel in eine Hand nehmen, mit der anderen Hand oberhalb der Füllung festhalten. Den Spritzbeutel fast aufrecht halten und die Spitze auf den Untergrund richten. Mit sanftem Druck der oberen Hand Tupfen aufspritzen (siehe S. 19) oder Pralinen füllen (siehe S. 24).

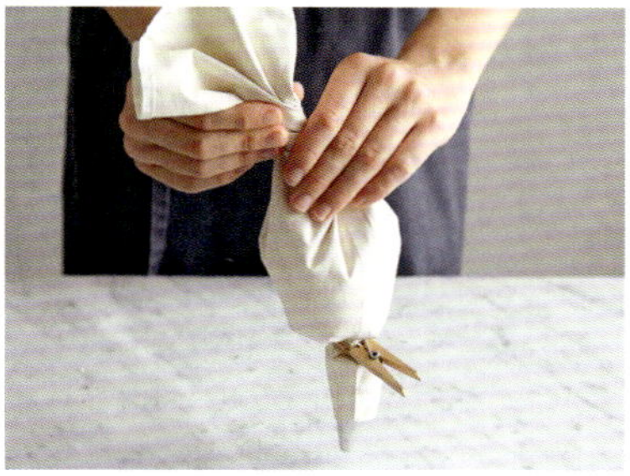

Selbst gefalteter Spritzbeutel

1 Ein Stück Pergament- oder Backpapier zu einem Rechteck von etwa 21 × 30 cm zuschneiden und mit der Schere diagonal in zwei Dreiecke teilen. Aus jedem Dreieck eine Tüte rollen.

> **Keine Lust zum Tütenrollen?**
> Dann füllen Sie die geschmolzene Kuvertüre in einen kleinen Gefrierbeutel, lassen die Masse zu einer Ecke laufen, drehen den Beutel über der Masse zusammen und schneiden mit der Schere eine winzige Ecke unten an der Spitze ab.

2 Sobald die Tütenform stabil und unten eine schöne Spitze entstanden ist, die überstehenden Papierenden nach innen falten und damit die Tüte fixieren.

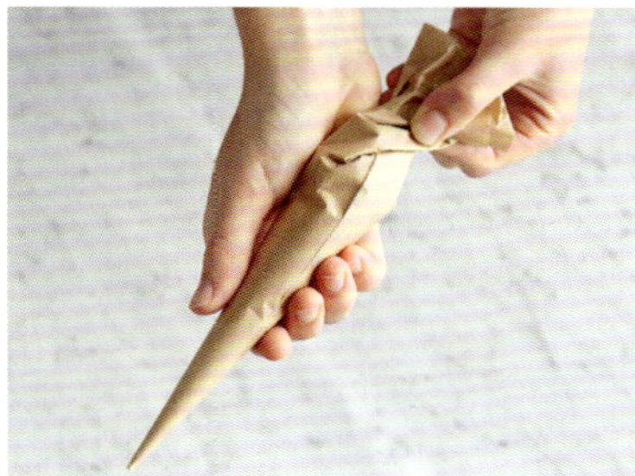

3 Den Spritzbeutel mit Kuvertüre oder Glasur füllen und die Öffnung entgegen dem Falz zudrehen.

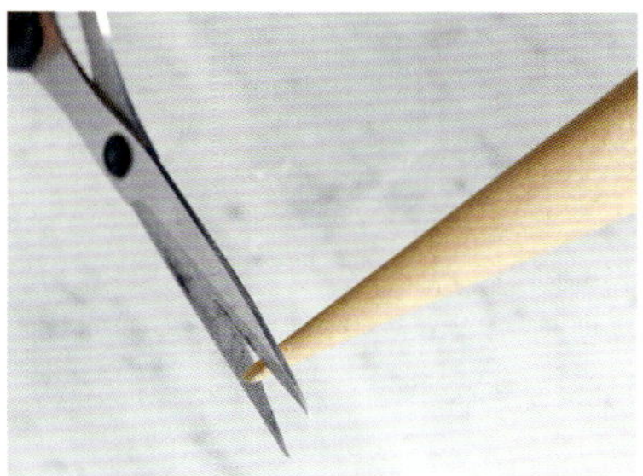

4 Mit einer scharfen Schere die Spitze ganz knapp abschneiden. Dieser Spritzbeutel eignet sich vor allem zum Verschließen der Öffnungen von Trüffelhohlkörpern (siehe S. 24) und zum Verzieren von Plätzchen und Pralinen.

GRUNDTECHNIKEN UND -REZEPTE

Auf den folgenden Seiten zeige ich Ihnen, wie Sie beim Backen Schritt für Schritt zu einem optimalen Ergebnis kommen. Die Tipps und Tricks können helfen, aber noch viel wichtiger ist der Spaß am Backen und Ausprobieren. Denken Sie stets daran: Es ist noch kein Meister vom Himmel gefallen – auch nicht zur Weihnachtszeit!

DER RICHTIGE UMGANG MIT MÜRBETEIG

So gelingt Mürbeteig

1 Das Mehl auf die Arbeitsfläche sieben, eine Mulde in die Mitte drücken. Wachsweiche Butter in Stücke schneiden und in die Mitte geben. Puderzucker oder Zucker, Gewürze, 1 Prise Salz und Ei bzw. Eigelb ebenfalls dazugeben.

2 Die Zutaten mit den Händen rasch verkneten. Am besten immer wieder durch die Finger bröseln.

Dann erst zu einem kompakten Teig kneten. Zu einem Rechteck formen, in Frischhaltefolie wickeln und mindestens 1 Stunde (besser über Nacht) kühl stellen.

3 Dann den Teig portionsweise auf der bemehlten Arbeitsfläche gleichmäßig ausrollen. Das gelingt am besten zwischen zwei flachen Holzleisten (Baumarkt!).

4 Die Plätzchen mit einem zuvor in Mehl gedrückten Ausstecher ausstechen.

Der perfekte Mürbeteig
Alle Zutaten sollten die gleiche Temperatur haben (am besten Raumtemperatur), und auch die Butter sollte nicht zu kalt sein. So lässt sich der Mürbeteig besser und schneller verkneten, was wiederum verhindert, dass er „brandig" (brüchig) wird.

Pannenhilfe Mürbeteig

Der Mürbeteig ist zu brüchig
Dies ist häufig der Fall, wenn der Teig zu lang geknetet wurde. Dann am besten noch etwas Eiweiß hinzufügen.

Der Teig klebt
Klebriger Teig lässt sich nicht gut ausrollen oder ausstechen. Den ausgerollten Teig noch einmal gut kühlen und dann erst ausstechen. Außerdem Teig stets portionsweise ausrollen, den Rest kühl stellen. Teigreste mit frischem, gekühltem Teig vermischen und verarbeiten.

Der Teig klebt an den Ausstechförmchen
Eine Schale mit Mehl oder Zucker bereitstellen und das Förmchen vor jedem Ausstechen hineindrücken. Mehl- und Zuckerreste mit einem Pinsel entfernen.

Tadellose Formen
Bei Ausstechplätzchen besteht die Herausforderung oft darin, die Plätzchen unbeschadet auf das Blech zu befördern. Daher den Teig gleich auf Backpapier in Blechgröße ausrollen, die Formen ausstechen und rundum überschüssigen Teig entfernen.

Die Plätzchen backen unterschiedlich
Bereits beim Ausrollen des Teigs darauf achten, dass er möglichst überall gleichmäßig dick ist (siehe S. 12). Auch sollte der Abstand der Plätzchen beim Auflegen auf das Blech gleich sein.
Wenn die Plätzchen im Backofen trotzdem ungleichmäßig Farbe annehmen, das Backblech mit den Plätzchen zwischendurch herausnehmen und um 180 Grad gedreht wieder in den Backofen schieben.

Die Plätzchen brechen und lassen sich nicht vom Blech lösen
Das Blech noch einmal kurz in den warmen Backofen schieben, dann die Plätzchen sofort herunternehmen. Oder am besten immer Backpapier benutzen.

Plätzchen aufbewahren
Die Plätzchen stets in sauberen, verschließbaren Dosen oder Gläsern kühl und trocken aufbewahren, am besten jede Sorte in einem extra Behälter. Damit sie schön mürbe werden, können Sie eine Scheibe Brot hineinlegen. Diese von Zeit zu Zeit austauschen.

DER RICHTIGE UMGANG MIT BAISER

So gelingt Baiser

1 Ein Drittel des Zuckers mit dem Eiweiß aufschlagen, dann das zweite Drittel einrieseln lassen und so lange weiterschlagen, bis Spitzen stehen bleiben.

2 Den restlichen Zucker mit gesiebtem Puderzucker vermischen und mit einem Spatel unter den Eischnee heben.

Steifer Eischnee

✸ Die Eier sorgfältig trennen, sodass kein Eigelb in das Eiweiß gelangt. Eier trennen Sie am besten einzeln über einer Tasse. Das verhindert, dass Eigelb ins Eiweiß kommt und es sich dadurch nicht mehr steif schlagen lässt.

✸ Die Schüssel, in welcher der Eischnee geschlagen wird, muss schmutz- und fettfrei sein. Mit Zucker aufschlagen und nicht zu lange rühren, damit der Eischnee nicht flockig wird.

✸ Wenn Eischnee sich nicht steif schlagen lässt, 1 Prise Salz oder ein paar Tropfen Zitronensaft dazugeben.

Baiser spritzen

1 Die Masse sollte eine cremige Konsistenz haben. Diese in einen Spritzbeutel mit Tülle füllen (siehe S. 11). Die hintere Hand drückt und die vordere führt.

2 Für Baiserringe am Blech ansetzen, etwas nach oben gehen und im Kreis spritzen. Dabei leicht und gleichmäßig drücken.

3 Bei Stäbchen ebenfalls am Blech ansetzen, leicht nach oben gehen.

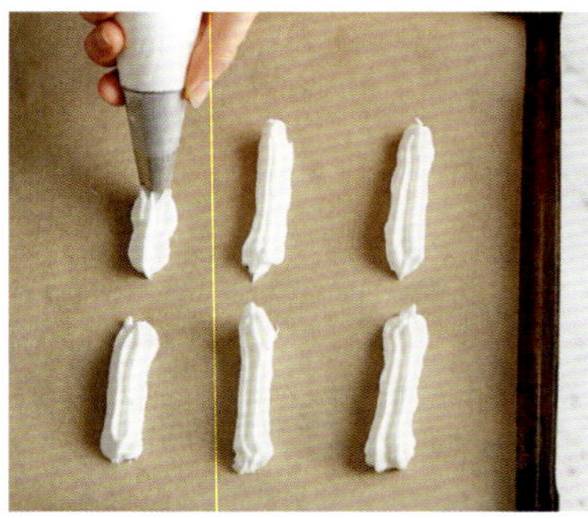

DER RICHTIGE UMGANG MIT FONDANT

Wozu flüssigen Fondant?

Sie werden feststellen, dass ich in meinen Rezepten gerne Fondantglasur, also flüssigen Fondant, verwende. Warum also diese spezielle Zutat und nicht einfach Zuckerguss?

Selbstverständlich können Sie als Ersatz auch dick angerührten Zuckerguss verwenden. Meiner Meinung nach ergibt aber nichts eine so schöne Optik wie flüssiger Fondant. Er hat einfach die perfekte Konsistenz, um ihn ohne viel Kleckern schön dick aufzutragen, trocknet durchsichtiger und glänzender als Zuckerguss.

Sie können flüssigen Fondant als „Flüssigfondant" oder „Fondantglasur" von verschiedenen Anbietern fertig kaufen oder selbst herstellen.

Glänzender Fondant
Damit der Fondant am Ende auf den Plätzchen auch schön glänzt, darf er nicht zu warm gemacht werden. Außerdem etwas Glukose in Form von Puderzucker dazugeben bzw. die Plätzchen vor dem Glasieren mit etwas heißer Aprikosenkonfitüre bestreichen.

So gelingt flüssiger Fondant

Sie brauchen

- 500 g Puderzucker
- 150 ml Wasser
- 75 g Glukosesirup
- nach Wunsch etwas Rum, Amaretto oder eine Lebensmittelfarbe nach Wahl

1 Den Puderzucker mit Wasser und Glukosesirup in einen Topf mischen, auf 113 °C (Speisethermometer) erhitzen und dabei mit einem Pinsel den Zucker immer wieder mit Wasser vom Topfrand abpinseln, damit der Sirup später gleichmäßig kristallisiert und der Fondant nicht „abstirbt" und nicht mehr glänzt.

2 Sobald die Mischung 113 °C erreicht hat, wird sie vom Herd genommen. Am besten in eine Küchenmaschine umfüllen und beständig rühren, bis der Fondant auf Körpertemperatur abgekühlt ist. Durch das beständige Rühren können sich nur kleine Zuckerkristalle ausbilden. Das ist wichtig, damit eine schön glänzende und glatte Fondantmasse entsteht.

3 Den fertigen Fondant in ein sauberes Glas mit Deckel füllen. Die Oberfläche mit etwas Wasser bedecken. Fondant ist im Kühlschrank 2 bis 3 Monate haltbar.

So wird flüssiger Fondant verarbeitet

1 Zuerst das Gebäck aprikotieren (siehe Tipp unten) und die Schicht etwas trocknen lassen.

2 Die gekaufte oder selbst gemachte Fondantglasur über dem heißen Wasserbad oder in der Mikrowelle auf 35 bis 40 °C erwärmen. Nicht zu warm werden lassen, da der Fondant sonst auskristallisiert und nicht glänzt.

3 Den Fondant schnell und am besten in einem Zug auf das Gebäck auftragen, damit die Oberfläche schön glatt wird.

Aprikotur
Das Einstreichen des Gebäcks mit etwas erwärmter Konfitüre ist nicht nur eine gute Grundlage für Fondantglasur, sondern auch für Zuckerguss- und Kuvertüreüberzüge.
Durch das Aprikotieren bekommen Oberflächen einen schönen Glanz, gehackte Nüsse, Kerne und Co. bleiben gut haften. Und als Basis für Glasuren verhindert die Aprikotur als Trennschicht den Austausch von Feuchtigkeit, die Glasuren zerfließen oder matt werden lassen würde. Zum Aprikotieren wird etwas Konfitüre ggf. mit etwas Wasser erhitzt und glatt gerührt. Anschließend mit einem Pinsel aufbringen.

DER RICHTIGE UMGANG MIT KUVERTÜRE

Kuvertüre temperieren

5 Vor dem Verarbeiten mit einer Messerklinge eine Probe machen: Zieht die Kuvertüre in kurzer Zeit ohne Streifen an und glänzt, können die Plätzchen überzogen werden.

1 Einen Topf zur Hälfte mit Wasser füllen und das Wasser erhitzen (aber nicht kochen lassen). Eine passende Edelstahl- oder Porzellanschüssel wählen. Sie sollte sich in den Topf hängen lassen, ohne den Topfboden oder das Wasser zu berühren!

2 Zwei Drittel der im Rezept angegebenen Kuvertüremenge grob hacken und über dem heißen Wasserbad schmelzen. Die restliche Kuvertüre fein hacken.

3 Ein Drittel der geschmolzenen Kuvertüre abnehmen und warm halten. Den Topf vom Wasserbad nehmen. Die fein gehackte

Kuvertüre mit dem Rest der geschmolzenen Kuvertüre in der Schüssel mischen, um die Kuvertüre abzukühlen.

4 Um die Kuvertüre wieder zu erwärmen, die abgenommene flüssige Kuvertüre nach und nach unterrühren, bis die gewünschte Temperatur erreicht ist:

- weiße Kuvertüre 28 bis 29 °C,
- Vollmilchkuvertüre 29 bis 30 °C,
- dunkle Kuvertüre 31 bis 32 °C.

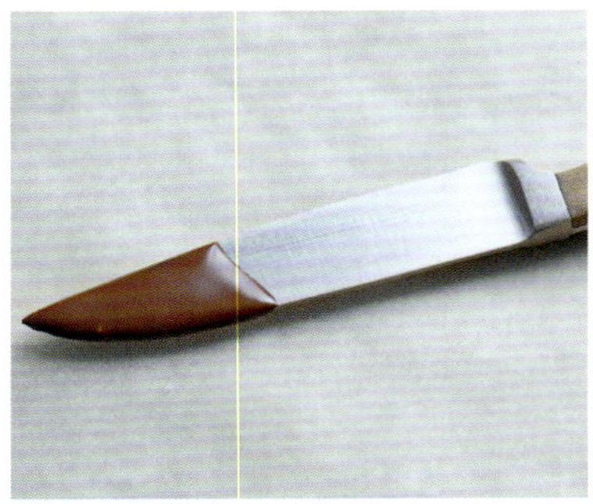

Seidig glatte Kuvertüre
Kuvertüre muss stets temperiert werden, damit die Schokolade nicht bröselig wird und sich kein grauer Fettreif bildet. Wenn es mal schnell gehen muss, können Sie auch 10 bis 15 % Pflanzen-, Kokos- oder Erdnussfett mitschmelzen. Übrigens: Damit die Kuvertüre immer fließfähig bleibt, niemals Flüssigkeit hinzugeben.

Plätzchen mit Kuvertüre überziehen

1 Für den perfekten Schokoladenüberzug das Plätzchen mit der Oberseite kurz in die temperierte Kuvertüre tauchen und herausnehmen.

2 Nun das Plätzchen mehrmals hintereinander mit kleinen Auf- und Abbewegungen nur knapp auf die Oberfläche der Kuvertüre setzen. So wird durch die Oberflächenspannung überschüssige Schokolade wieder abgezogen – es entsteht eine homogene Oberfläche. Das Plätzchen auf ein Gitter setzen und trocknen lassen.

Pannenhilfe Kuvertüre

Die Kuvertüre glänzt nicht

* Die Füllung war zu kalt: Darauf achten, dass der Temperaturunterschied zwischen dem Pralinenrohling oder Plätzchen und der Kuvertüre nicht zu groß ist.

* Die Kuvertüre ist nicht richtig temperiert: Die Kuvertüre noch einmal temperieren (siehe S. 16), dabei genau an die angegebene Temperatur halten.

* Der Arbeitsplatz ist zu kalt: Die Raumtemperatur sollte etwa 20 °C betragen.

Die Kuvertüre wird während der Verarbeitung dicker oder fest

* Die Kuvertüre ist zu kalt geworden: Die Kuvertüre kurz über dem Wasserbad warm werden lassen oder mit einem Föhn auf kleinster Stufe vorsichtig anwärmen.

Die Kuvertüre bildet Blasen beim Überziehen

* Die Kuvertüre wurde zu viel gerührt: Die Kuvertüre erneut temperieren und dabei weniger rühren. Wenn Luftblasen beim Trocknen aufplatzen, kommt Sauerstoff an die Praline. Dadurch kann sie schneller austrocknen; auch Bakterien können eindringen.

Die Kuvertüre ist krümelig oder klumpt

* Die Kuvertüre ist zu heiß geworden: Wird Kuvertüre zu heiß, lässt sie sich nicht mehr retten. Deshalb immer langsam über einem Wasserbad erhitzen.

* Es ist Feuchtigkeit in die Kuvertüre gekommen: Das muss unbedingt vermieden werden. Selbst kleine Mengen Flüssigkeit lassen die Kuvertüre verklumpen. Hier hilft nur: Kuvertüre entsorgen und von vorne beginnen.

Zuckerguss herstellen

Zuckerguss, die klassische Mischung aus Puderzucker und Zitronensaft, sieht nicht nur dekorativ aus, er kann Plätzchen auch ganz unterschiedliche Geschmacksrichtungen verleihen.

- Klassisch: 250 g Puderzucker sieben und mit 3 bis 4 EL Wasser glatt rühren.
- Fruchtig: 250 g Puderzucker mit 3 bis 4 EL Saft (z. B. frisch gepresster Zitronen- oder Orangensaft) glatt rühren.
- Beschwipst: 250 g Puderzucker mit 3 bis 4 EL Rum oder Orangenlikör glatt rühren.
- Mal anders: 250 g Puderzucker mit 1 TL Instant-Kaffeepulver und 3 bis 4 EL Milch oder mit 1 EL Kakaopulver und 3 bis 4 EL Milch mischen und glatt rühren.

Plätzchen filieren

Beim Filieren wird ein feines Gitternetz auf die Plätzchen gesponnen. Unten mit rosa Zuckerguss in einem Papier-Spritzbeutel mit kleinem Loch.

Auch so gelingt das Filieren: Gabelzinken in temperierte Schokolade tauchen und das Netz aufträufeln.

Streifenmuster: Plätzchen tunken, einen Papier-Spritzbeutel mit andersfarbiger Schokolade füllen und waagerecht filieren. Mit einem Zahnstocher längs verziehen.

Sternmuster: Plätzchen tunken und mit andersfarbiger Kuvertüre Spiralen aufspritzen. Mit einem Zahnstocher von der Mitte nach außen Striche ziehen.

Wenn der Zuckerguss nicht richtig auf den Plätzchen haftet
Den Zuckerguss durch die Zugabe von ein paar Tropfen Wasser oder Zitronensaft noch ein wenig flüssiger machen. Ebenfalls hilfreich: Die Plätzchen vor dem Backen mit einem Pinsel vorsichtig vom Mehl befreien.

Eiweißspritzglasur (Royal Icing) herstellen

Eiweißspritzglasur kann in jeder Konsistenz in verschiedenen Farben eingefärbt werden. Die Glasur immer mit Frischhaltefolie abdecken, da sie sehr schnell austrocknet.

Grundglasur: Sie ist die Basis für die Konturen- und Ausfüllglasur. Dazu in einer fettfreien Schüssel 1 frisches Eiweiß, 250 g gesiebten Puderzucker und ½ TL Zitronensaft bei niedriger Stufe mit dem Rührgerät 4 bis 5 Minuten zu einer steifen, glänzenden weißen Glasur verrühren.

Konturenglasur: Mit ihr werden Konturen auf die Plätzchen gespritzt. Hierfür unter die Grundglasur tröpfchenweise Wasser rühren, bis diese weich und zähflüssig ist. Sie darf die Form beim Aufspritzen nicht verlieren.

Ausfüllglasur: Mir ihr werden die Flächen zwischen den Konturen ausgefüllt. Zur Grundglasur tröpfchenweise so viel Wasser hinzufügen, bis die Konsistenz einer dicken Vanillesauce entspricht. Die Glasur soll gut verlaufen, aber nicht über die Konturenglasur hinauslaufen.

Und so wirds gemacht:

1 Die Konturenglasur in einen Spritzbeutel füllen (siehe S. 11) und die Konturen auf das Plätzchen spritzen.

2 Die Flächen zwischen den Konturen mit der Ausfüllglasur füllen.

Verzierungen mit Marzipan

1 Die Marzipanrohmasse mit ein paar Tropfen Lebensmittelfarbe verkneten. Dabei die Farbe nur tropfenweise hinzugeben, da das Marzipan sie sehr schnell annimmt.

2 Das eingefärbte Marzipan zwischen zwei Lagen Frischhaltefolie gleichmäßig und etwa 3 mm dick ausrollen. Alternativ auf die Frischhaltefolie verzichten und die Arbeitsfläche mit Puderzucker (kein Mehl!) bestäuben.

Übrigens ...

... zum Backen unbedingt hochwertiges Marzipan verwenden! Man erkennt es an seiner gelblichen Farbe und daran, dass es deutlich mehr Mandeln als Zucker enthält.

3 Mit einem Mini-Ausstechförmchen zum Beispiel kleine Sterne oder Herzen ausstechen. Damit das Förmchen nicht am Marzipan kleben bleibt, die Unterkante vorher in hochprozentigen Alkohol (z. B. Kirschwasser) tauchen.

Schnelles Marzipan

Wie rechts beschrieben wird Marzipan besonders fein und sehr rund im Geschmack. Wenn's aber mal schnell gehen soll, einfach 450 g geschälte Mandeln im Multizerkleinerer zu ganz feinem Pulver vermahlen. 340 g Puderzucker dazugeben und alles zu einer homogenen Masse mixen. Danach mit den Händen verkneten und dabei, wenn nötig, noch etwas Wasser dazugeben.

Marzipan selbst zubereiten

1 In einem Topf 280 g Zucker, 60 ml Wasser, 70 g Glukosesirup, 50 g Invertzucker, 30 g Sorbitpulver und 1 Prise Salz vermischen und auf 115 °C erhitzen.

2 450 g geschälte Mandeln zusammen mit der Zuckermischung in einen Multizerkleinerer geben und zu einer feinen Masse mixen. Die Masse nicht länger als nötig rühren, sonst wird das Marzipan gummiartig oder zu locker.

3 Das Marzipan mit Frischhaltefolie abdecken und abkühlen lassen. Sobald es kalt ist, gut verpacken, damit es nicht austrocknet. Ergibt etwa 800 g Marzipan.

Plätzchen füllen

1 Um zwei Plätzchen zusammenzukleben, die Füllung nur in die Mitte setzen. Durch das Zusammensetzen verteilt sich die Füllung.

2 Mulden mithilfe eines Spritzbeutels füllen, dazu eine kleine Spitze am Beutel abschneiden (siehe S. 11).

Wenn die Füllung beim Zusammensetzen seitlich aus den Plätzchen herausdrückt
Füllungen sollten generell nicht zu weich bzw. flüssig sein. Marmeladen bzw. Konfitüren am besten etwas andicken, Schokoladenfüllungen vor dem Verarbeiten leicht abkühlen lassen. Insgesamt nicht zu viel Füllung verwenden und diese immer in die Mitte der Plätzchen setzen.

Karamell herstellen

1 Die im jeweiligen Rezept angegebene Zuckermenge (feine Körnung) mit etwas Wasser in einem hellen Topf bei schwacher Hitze schmelzen, bis er sich auflöst.

2 Die Temperatur erhöhen und die Zuckermasse weiterkochen, bis sie eine helle, goldgelbe Farbe annimmt und leicht schäumt. Dann den Topf sofort vom Herd nehmen.

3 Falls im Rezept Butter und Sahne angegeben sind, diese unterrühren. Anschließend den flüssigen Karamell auf Teigplatten oder Plätzchen glatt verstreichen und trocknen lassen.

KLEINES PRALINEN-EINMALEINS

Auf den kommenden Seiten führe ich Sie in die Grundzüge des Pralinenmachens ein. Mit dieser süßen Kunst kann man ein ganzes Buch füllen, aber mit den folgenden Informationen und viel Liebe bekommen Sie die Rezepte in diesem Buch sicher hin – und hoffentlich Lust auf noch mehr Pralinen.

Das Werkzeug

Schneidebrett, Silikonmatte und Backpapier

Ohne diese drei geht's nicht: Ein großes Schneidebrett dient als stabile und gerade Unterlage für Schnittpralinen und Gelee. Dafür wird es mit einer Silikonmatte oder mit Backpapier und einem Pralinenrahmen belegt. Auch zum Absetzen von in Kuvertüre getauchten Pralinen ist eine Silikonmatte oder Backpapier unerlässlich.

Wasserbad

Kuvertüre wird über dem heißen Wasserbad geschmolzen und temperiert (siehe S. 16). Dafür braucht man einen kleinen Topf und eine hitzefeste Schüssel, die auf dem Topfrand sitzt und das Wasser darunter nicht berührt.

Digitales Thermometer

Das empfiehlt sich besonders zum Temperieren von Kuvertüre und ist nötig für das Kochen von Zucker.

Spritzbeutel

Einmal-Spritzbeutel aus Kunststoff sind praktisch, weil man sie nicht säubern muss. Passende Lochtüllen aus Metall oder Plastik gibt es in verschiedenen Größen und Formen. Tipps für den richtigen Umgang mit dem Spritzbeutel finden Sie auf Seite 11. Für kleine Kuvertüremengen, etwa zum Verschließen von Trüffelhohlkugeln und für filigrane Verzierungen, werden kleine Spritztüten benötigt. Wie man sie aus Pergament- oder Backpapier selbst faltet, steht auf Seite 11.

Pralinenrahmen

Spezielle Pralinenrahmen für Schnittpralinen und Gelee gibt es online zu bestellen . Es haben sich aber auch eckige Metallstangen aus dem Baumarkt bestens bewährt. Man kann sie in beliebigen Größen auflegen, sie verrutschen nicht und lassen sich gut reinigen.

Pralinengabel und Pralinenspirale

Die Gabel mit zwei oder drei langen, dünnen Zinken benötigt man, um Pralinen in Kuvertüre zu tauchen und anschließend abzusetzen. Die Pralinenspirale ist besonders praktisch für das Eintauchen von runden Trüffelhohlkugeln.

Pralinengitter

Ein Pralinengitter braucht man zum Igeln von Trüffelpralinen.

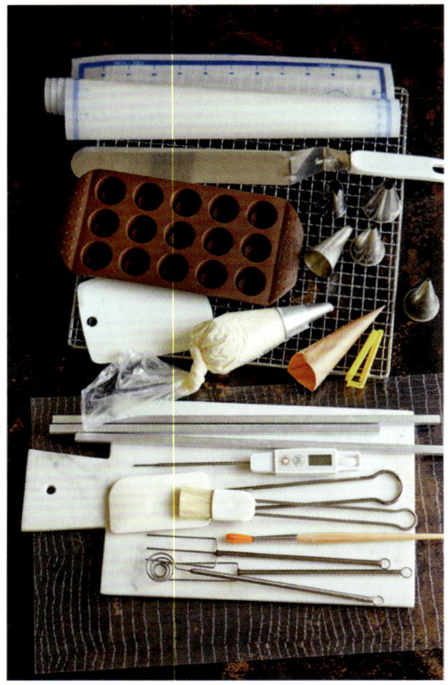

Kleine Helfer aus der Schublade

Nützlich sind ein Teigschaber, eine Winkelpalette, um Massen glatt zu streichen, ein kleiner Spachtel oder eine Teigkarte, um überschüssige Kuvertüre von der Pralinenform abzuziehen.

Mit einem Backpinsel werden Pralinenplatten bestrichen. Ein dünner Pinsel dient zum Auspinseln der Pralinenform mit Farbe oder Kuvertüre und zum Verzieren von Pralinen.

Ganache herstellen

1 Die im Rezept angegebene Kuvertüremenge fein hacken und in eine Schüssel geben. Je nach Rezept weitere Zutaten vorbereiten, zum Beispiel Kaffeebohnen oder andere Zutaten im Mörser zerstoßen oder zerkleinern.

2 Die im Rezept angegebene Sahnemenge in einem Topf zum Kochen bringen. Je nach Rezept gegebenenfalls noch aromatisieren. Die heiße Sahne zur gehackten Kuvertüre in die Schüssel geben. Die Kuvertüre unter Rühren in der Sahne schmelzen. Oder – je nach Rezept – die Kuvertüre zur Sahne geben und mit dem Stabmixer vorsichtig zu einer homogenen Masse mixen, dabei darauf achten, dass dabei keine Luft hineingelangt. Das gelingt am besten, wenn der Stabmixer ganz unten im Rührbecher gehalten wird.

3 Je nach Pralinenrezept oder eigenem Geschmack eine aromatisierende Zutat dazugeben, zum Beispiel Rum, Edelbrände, Liköre oder Vanillearoma.

Die Ganache ist geronnen?
a) Die Temperaturen der Zutaten waren zu unterschiedlich. Alle Zutaten sollten dieselbe Temperatur haben. Ist die Ganache geronnen, vorsichtig über dem Wasserbad leicht erwärmen. Oder ein Drittel der Masse erwärmen, wieder unter den Rest der Masse rühren und mit dem Stabmixer homogenisieren.
b) Das Mengenverhältnis der Zutaten passt nicht. Dann die Zutatenmengen nochmals überprüfen, wenn nötig neu anpassen und die Masse mit dem Stabmixer homogenisieren.

4 Die Zutaten so lange verrühren, bis die Ganache wieder ganz glatt ist, damit sie nicht gerinnt und einen zarten Schmelz erhält.

5 Die perfekte Ganache zum Füllen von Pralinen oder Kuchen ist gleichmäßig und hat einen schönen Glanz. Geronnene Ganache hat eine unregelmäßige Textur und glänzt nicht.

Schnittpralinen herstellen

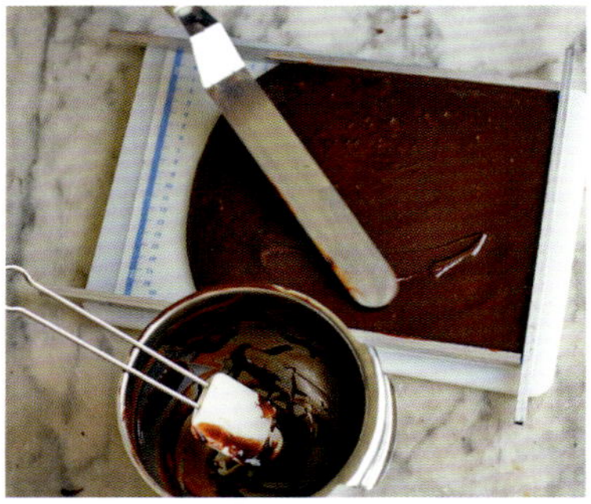

1 Einen Pralinenrahmen kann man kaufen, oder man lässt sich einfach vier Metallstangen, etwa 1 cm dick, im Baumarkt zurechtschneiden. Ein großes Schneidebrett oder ein Backblech mit Backpapier oder einer Silikonmatte belegen. Den Rahmen oder die Stangen in der im Rezept angegebenen Größe darauflegen. Die Pralinenmasse des Rezeptes zubereiten, in den Rahmen gießen und mit einer Palette rasch gleichmäßig verstreichen. Die Masse mindestens 12 Stunden, am besten über Nacht, fest werden lassen.

2 Den Rahmen lösen und abheben. Die Pralinenplatte mit einer Palette dünn mit temperierter Kuvertüre (siehe S. 16) bestreichen und fest werden lassen. Mithilfe von zwei Schneidebrettern wenden und die zweite Seite ebenfalls dünn mit temperierter Kuvertüre bestreichen. Fest werden lassen.

3 Die Pralinenplatte mit einem angewärmten Messer in Rechtecke oder Quadrate schneiden. Die Pralinen, je nach Rezept, mit temperierter Kuvertüre (siehe S. 25) überziehen und verzieren.

Trüffelhohlkugeln
Trüffelhohlkugeln gibt es aus weißer, Vollmilch- und Zartbitterkuvertüre, mit oder ohne Waffelboden und außerdem mit oder ohne Dekormuster.
Man bestellt sie am besten im Internet.

Trüffelkugeln füllen und verschließen

1 Für die Zubereitung von Trüffeln benötigt man 2 Tage, weil die Füllung fest werden muss. Am ersten Tag die Füllung des ausgewählten Pralinenrezeptes zubereiten. Die Trüffelhohlkugeln bereitstellen. Die Füllung in einen Spritzbeutel geben und bis 1 mm unter den Rand in die Hohlkugeln spritzen. Mindestens 12 Stunden, am besten über Nacht, aushärten lassen.

2 Am nächsten Tag etwas temperierte Kuvertüre (siehe S. 16) in eine kleine Papier-Spritztüte geben (siehe S. 11). Die Öffnung der gefüllten Hohlkugeln damit verschließen. Fest werden lassen.

3 Die Hohlkugeln, je nach Rezept, mit Kuvertüre überziehen (siehe S. 25) und verzieren.

Pralinen überziehen

1 Zum Überziehen von Pralinen die im Rezept angegebene Menge an Kuvertüre hacken, über dem Wasserbad schmelzen und temperieren (siehe S. 16). Die ausgehärteten Pralinen mithilfe einer Pralinengabel in die Kuvertüre eintauchen und herausheben. Die überschüssige Kuvertüre durch mehrmaliges Heben und Senken ablaufen lassen, dann vorsichtig am Schüsselrand abziehen.

Farbfolien
Mit Schokoladenfarben bedruckte Folien gibt es in verschiedenen Farben und Mustern im Internet zu bestellen.
Zum Verzieren die überzogenen, noch feuchten Pralinen mit wenig Abstand auf Backpapier in Reihen nebeneinandersetzen. Die Folie in Stücke schneiden, mit der beschichteten Seite auf die Pralinen legen und leicht andrücken. 2 bis 3 Stunden fest werden lassen, dann die Folie vorsichtig abziehen. Alternativ lassen sich die Pralinen direkt auf der Folie absetzen. Wer selbst eine Farbfolie gestalten möchte, malt auf eine festere Folie mit Schokoladenfarben ein Muster und setzt die Pralinen darauf.

2 Die getauchten Pralinen auf Backpapier setzen und die Kuvertüre an einem kühlen Ort, aber nicht im Kühlschrank, fest werden lassen. Je nach Rezept verzieren.

Pralinen wälzen

Sie können Trüffeln nach dem Überziehen in Puderzucker, Kakaopulver, Streuseln, Kokosraspeln oder in Zuckermischungen, zum Beispiel in Rosen- oder Lavendelzucker, wälzen. Dazu die überschüssige Kuvertüre gut ablaufen lassen und die Pralinen dann in Puderzucker oder den anderen Zutaten wälzen.

Pralinen igeln

1 Kuvertüre schmelzen und temperieren (siehe S. 16). Ein Pralinengitter kurz im Backofen ganz leicht erwärmen, damit die Kuvertüre später nicht zu schnell anzieht. Das Pralinengitter auf Backpapier setzen und mit etwas temperierter Kuvertüre bepinseln.

2 Gefüllte Hohlkugeln oder selbst gerollte Trüffeln mit einer Pralinengabel in die temperierte Kuvertüre tauchen. Beim Herausheben die überschüssige Kuvertüre ablaufen lassen.

3 Die Pralinen vorsichtig auf das Gitter setzen. Sobald die Kuvertüre anfängt anzuziehen, also fest zu werden, die Pralinen igeln. Dafür mit einer Pralinengabel auf dem Gitter leicht hin- und herrollen, sodass rundherum kleine Spitzen entstehen. Die Pralinen auf Backpapier setzen und etwa 20 Minuten aushärten lassen.

Angelika Schwalber

Himmlische WEIHNACHTS BÄCKEREI

Plätzchen, Lebkuchen,
Stollen und mehr

HIMMLISCHE PLÄTZCHEN

Kleine Kunstwerke für den Plätzchenteller
von Anisstangerl bis Zimtstern

SPEKULATIUS
dreimal anders

Zubereitung: 75 Min. | Kühlzeit: mind. 60 Min. (besser über Nacht) | Backzeit: 10–12 Min.

Zutaten für je 40–50 Stück

... klassisch

Für den Teig:
170 g wachsweiche Butter
200 g Puderzucker • 50 g Sahne
2 Eigelb • 1 Prise Salz
Abrieb von ½ Bio-Zitrone
1 TL Spekulatiusgewürz
375 g Mehl • 1 Msp. Hirschhornsalz

Außerdem:
etwas Speisestärke • 4 EL Milch

... mit Schokolade

Für den Teig:
Zutaten siehe oben, dazu:
3 EL Schokoraspel

Außerdem:
etwas Speisestärke • 4 EL Milch
200 g dunkle Kuvertüre

... mit Kaffee und Mandeln

Für den Teig:
Zutaten siehe oben, dazu:
2 EL gebrochene Kaffeebohnen

Außerdem:
etwas Speisestärke • 4 EL Milch
50 g Mandelblättchen

Backblech • Backpapier
Modeln oder Ausstecher nach Wunsch
gewelltes Teigrad (optional)

... klassisch

1. Für den Teig alle Zutaten außer Mehl und Hirschhornsalz mit dem Handrührgerät zu einer glatten Masse verkneten. Das Mehl mit dem Hirschhornsalz sieben und unterkneten.

2. Den Teig zu einem Rechteck formen, in Frischhaltefolie gewickelt mindestens 1 Stunde (besser über Nacht) kühl stellen.

3. Den Backofen auf 170 °C Ober-/Unterhitze vorheizen. Ein Backblech mit Backpapier belegen. Den Teig auf der bemehlten Arbeitsfläche etwa 4 mm dick ausrollen, leicht mit Speisestärke bestäuben und die Modeln in den Teig drücken.

4. Die gewünschte Form mit einem Messer oder gewellten Teigrad ausschneiden und auf das Backblech legen. Dünn mit Milch bestreichen.

5. Die Spekulatius im Ofen auf der mittleren Schiene 10 bis 12 Minuten backen.

... mit Schokolade

Den Teig wie oben beschrieben zubereiten, dabei zuletzt die Schokoraspel unter den Teig kneten. Weiter wie in den Schritten 2 bis 5 angegeben verfahren. Die Plätzchenunterseiten nach dem Abkühlen in temperierte Kuvertüre tauchen (siehe S. 17).

... mit Kaffee und Mandeln

Den Teig wie oben beschrieben herstellen, dabei zuletzt die Kaffeebohnen unterkneten. Die Spekulatius mithilfe der Modeln ausschneiden. Die Mandelblättchen auf das mit Backpapier belegte Backblech streuen, die Spekulatius darauflegen und 10 bis 12 Minuten backen.

MODEL ODER KEIN MODEL

Wer keine Modeln hat, nimmt runde Ausstechförmchen und drückt die Muster einfach mit einem Keksstempel in die Plätzchen.

BUTTERPLÄTZCHEN
dreimal anders

Zubereitung: 30 Min. | Kühlzeit: mind. 60 Min. (besser über Nacht) | Backzeit: 8–10 Min.

Zutaten für je ca. 50 Stück

... klassisch

Für den Mürbeteig:
300 g Mehl • 1 gekochtes Eigelb
200 g wachsweiche Butter
90 g Puderzucker
Abrieb von ½ Bio-Zitrone
1 Prise Salz • 1 Msp. Vanillemark

Für die Glasur:
1 Eigelb • 2 EL Sahne

... mit Mandeln

Für den Mürbeteig:
Zutaten siehe oben

Außerdem:
3 EL Milch
50 g Mandelblättchen

... mit Orangenzucker

Für den Mürbeteig:
Zutaten siehe oben, statt Zitronenabrieb Abrieb von ½ Bio-Orange

Für den Orangenzucker:
6–7 EL Zucker
Abrieb von 1 Bio-Orange
Puderzucker zum Bestäuben (optional)

Backblech • Backpapier
Ausstecher nach Wunsch

... klassisch

1 Für den Mürbeteig das Mehl auf die Arbeitsfläche sieben. Das Eigelb durch ein Sieb dazudrücken. Mit den restlichen Zutaten rasch zu einem glatten Teig verkneten. Zu einem Rechteck formen, in Frischhaltefolie gewickelt mindestens 1 Stunde (besser über Nacht) kühl stellen.

2 Den Backofen auf 180 °C Ober-/Unterhitze vorheizen. Ein Backblech mit Backpapier belegen. Den kalten Teig kurz durchkneten. Auf der bemehlten Arbeitsfläche zwischen zwei Lagen Frischhaltefolie 3 bis 4 mm dick ausrollen.

3 Aus dem Teig mit verschiedenen Ausstechformen Plätzchen ausstechen und auf das Blech legen.

4 Für die Glasur das Eigelb und die Sahne verquirlen. Die Plätzchen mit einem Pinsel dünn mit der Eisahne bestreichen. Im Ofen auf der mittleren Schiene 8 bis 10 Minuten goldgelb backen.

... mit Mandeln

Den Mürbeteig wie oben beschrieben herstellen und kühl stellen. Den Teig ausrollen, mit verschiedenen Ausstechformen Plätzchen ausstechen und auf das Blech legen. Dünn mit Milch bestreichen und mit Mandelblättchen bestreuen. 8 bis 10 Minuten backen.

... mit Orangenzucker

1 Den Mürbeteig wie oben beschrieben herstellen und kühl stellen. Den kalten Teig ausrollen und mit einem Plätzchenausstecher ausstechen.

2 Für den Orangenzucker den Zucker mit dem Orangenabrieb mischen. Die Plätzchen damit bestreuen und wie oben beschrieben backen. Herausnehmen und die noch warmen Plätzchen optional dünn mit Puderzucker bestäuben.

ROSEN-SCHOKO-MONDE
mit Cashewkernen

Zubereitung: 90 Min. | Kühlzeit: mind. 60 Min. (besser über Nacht) | Backzeit: 14–17 Min.

Zutaten für ca. 70 Stück

Für den Mürbeteig:
200 g Mehl
100 g gemahlene, geröstete Cashewkerne
100 g Puderzucker
200 g wachsweiche Butter
1 Eigelb
Salz
1 Msp. Vanillemark

Für die Schokoladenstreusel:
110 g Mehl
60 g Zucker
1 EL Kakaopulver
1 Msp. Zimtpulver
1 Prise Salz
1 Msp. Vanillemark
80 g kalte Butter

Außerdem:
300 g Sweet-Orange-Marmelade (siehe S. 47)

Backblech • Backpapier
Mondausstecher (ca. 4 × 3 cm)

1 Für den Mürbeteig das Mehl in eine Schüssel sieben und zusammen mit den Cashewkernen, dem Puderzucker, der Butter, dem Eigelb, 1 Prise Salz und Vanillemark rasch zu einem glatten Teig kneten. Zu einem Rechteck formen, in Frischhaltefolie gewickelt mindestens 1 Stunde (besser über Nacht) kühl stellen.

2 Den Backofen auf 180 °C Ober-/Unterhitze vorheizen. Das Backblech mit Backpapier belegen. Den Mürbeteig 3 bis 4 mm dick ausrollen und mit einem Plätzchenausstecher Monde ausstechen. Auf das Backblech legen und im Ofen auf der mittleren Schiene 10 bis 12 Minuten backen. Abkühlen lassen.

3 Für die Schokoladenstreusel alle Zutaten verkneten und mit den Händen krümelig reiben. Die Streusel auf ein mit Backpapier belegtes Backblech verteilen und im Ofen auf der mittleren Schiene bei 180 °C Ober-/Unterhitze 10 bis 12 Minuten backen. Abkühlen lassen.

4 Die Sweet-Orange-Marmelade glatt rühren und auf den Plätzchen verteilen, dabei die Marmelade bis zum Rand streichen. Mit den vorgebackenen Streuseln belegen und im Ofen auf der mittleren Schiene nochmals bei 180 °C Ober-/Unterhitze 4 bis 5 Minuten backen. Abkühlen lassen.

HEIDESAND
zweimal anders

Zubereitung: 50 Min. | Kühlzeit: ca. 120 Min. | Backzeit: 8–10 Min.

Zutaten für je ca. 50 Stück

Heidesand

Für den Teig:
300 g Mehl
75 g Puderzucker
200 g wachsweiche Butter
Salz
1 Msp. Vanillemark
1 Msp. Bio-Zitronenabrieb

Außerdem:
1 Eiweiß
100 g rosa Zucker
3 EL Himbeerkonfitüre

Nougat-Heidesand

Für den Teig:
siehe Zutaten oben

Außerdem:
100 g brauner Zucker
3 EL Nussnougat (über dem Wasserbad geschmolzen)

Backblech • Backpapier

Heidesand

1. Für den Teig das Mehl und den Puderzucker in eine Schüssel sieben. Die Butter in Würfeln dazugeben. Mit 1 Prise Salz, dem Vanillemark und dem Zitronenabrieb mit den Händen zu einem glatten Teig verkneten.

2. Den Teig zu einem Rechteck formen. In Frischhaltefolie gewickelt etwa 1 Stunde kühl stellen.

3. Den Teig auf der bemehlten Arbeitsfläche weich kneten und in zwei Hälften teilen. Aus jeder Hälfte eine etwa 20 cm lange Stange rollen. In Frischhaltefolie wickeln und so lange (etwa 1 Stunde) kühl stellen, bis die Stangen fest sind.

4. Den Backofen auf 180 °C Ober-/Unterhitze vorheizen. Das Eiweiß verquirlen und die festen Teigstangen dünn mit dem Eiweiß bestreichen. Anschließend im rosa Zucker wälzen.

5. Die Stangen in etwa 5 mm breite Scheiben schneiden und auf ein mit Backpapier belegtes Backblech legen. Mit dem Kochlöffelstiel jeweils in die Mitte eine Vertiefung drücken und diese mit der glatt gerührten Himbeerkonfitüre füllen.

6. Die Plätzchen im Ofen auf der mittleren Schiene 8 bis 10 Minuten goldbraun backen.

Nougat-Heidesand

Den Teig wie oben beschrieben herstellen und zu Stangen rollen. Die festen Stangen in braunem Zucker wälzen und in Scheiben schneiden. Jeweils mittig Vertiefungen hineindrücken und diese mit dem flüssigen Nougat füllen. Den Nougat-Heidesand wie oben beschrieben backen.

FRO
HE
WEIHN
ACHTEN

ORANGENBLÜTENPERLEN
mit Ingwer

Zubereitung: 30 Min. | Kühlzeit: 120 Min. | Backzeit: 3–4 Min.

Zutaten für ca. 30 Stück

Für den Teig:
1 Ei
60 g weißer Rohrohrzucker
3 Tropfen Ingweröl
2 EL Orangenblütenwasser
75 g weiße Kuvertüre (über dem Wasserbad geschmolzen)
1 EL fein gehackter, kandierter Ingwer
1 Msp. Vanillemark
½ TL Bio-Orangenabrieb
Salz
80 g Dinkeldunst (oder Dinkelgrieß)
125 g gemahlene blanchierte Mandeln

Für den Orangenzucker:
50 g Zucker
½ TL Bio-Orangenabrieb

Backblech • Backpapier

1 Für den Teig das Ei, den Rohrohrzucker, das Ingweröl und das Orangenblütenwasser in einer Rührschüssel so lange mit den Quirlen des Handrührgeräts verrühren, bis die Masse eine helle Farbe annimmt.

2 Die weiße Kuvertüre unterziehen. Den gehackten Ingwer, das Vanillemark, den Orangenabrieb und 1 Prise Salz ebenfalls unterrühren. Den Dinkeldunst mit den Mandeln vermischen und unter den Teig heben. Die Schüssel mit Frischhaltefolie abdecken und den Teig 2 Stunden kühl stellen.

3 Den Backofen auf 220 °C Ober-/Unterhitze vorheizen. Ein Backblech mit Backpapier belegen. Aus dem Teig mit angefeuchteten Händen etwa haselnussgroße Portionen abnehmen, zu Kugeln rollen und auf das Blech setzen. Im Ofen auf der mittleren Schiene 3 bis 4 Minuten backen.

4 Inzwischen für den Orangenzucker den Zucker und den Orangenabrieb im Küchenmixer sehr fein mahlen.

5 Die Orangenblütenperlen aus dem Ofen nehmen und noch warm mit dem Orangenzucker bestäuben.

✦ ZUM VERSCHENKEN

Die Plätzchen in Zellophantütchen verpacken und in Blechdosen geben. Die Öffnung zusammenbinden. Banderolen aus Backpapier oder breitem Tape mit Motivstanzern verzieren und um die Dosen kleben.

VANILLEKIPFERL & MACADAMIAKIPFERL

Zubereitung: 60 Min. | Kühlzeit: über Nacht | Backzeit: 10–12 Min.

Zutaten für je ca. 50 Stück

Vanillekipferl

Für den Teig:
110 g gemahlene Mandeln
280 g Mehl
90 g Puderzucker
Salz
200 g wachsweiche Butter
1 Eigelb
Mark von 1 Vanilleschote

Außerdem:
200 g Zucker
Mark von 1 Vanilleschote

Macadamiakipferl

Für den Teig:
Zutaten siehe oben, statt Mandeln:
110 g gemahlene, gesalzene Macadamianüsse

Außerdem:
200 g Zucker
3 EL Himbeerpulver (siehe Tipp S. 133)

Backblech • Backpapier

Vanillekipferl

1 Am Vortag für den Teig Mandeln, Mehl, Puderzucker, 1 Prise Salz, Butter, Eigelb und Vanillemark rasch zu einem glatten Teig verkneten. In vier Portionen teilen und auf der bemehlten Arbeitsfläche zu Rollen (je 2 bis 3 cm ø) formen. In Frischhaltefolie gewickelt über Nacht kühl stellen.

2 Am nächsten Tag den Backofen auf 190 °C Ober-/Unterhitze vorheizen und ein Backblech mit Backpapier auslegen. Von den Teigrollen etwa 1 cm breite Scheiben abschneiden und diese auf der bemehlten Arbeitsfläche zu an den Enden spitz zulaufenden Hörnchen (Kipferln) formen.

3 Die Kipferl auf das Blech legen und im Ofen auf der mittleren Schiene 10 bis 12 Minuten backen. Herausnehmen und nur leicht abkühlen lassen. Den Zucker mit dem Vanillemark in einem tiefen Teller vermischen und die noch warmen Kipferl vorsichtig darin wenden.

Macadamiakipferl

Die Zutaten wie oben beschrieben zu einem Teig kneten und verarbeiten. Den Zucker mit dem Himbeerpulver vermischen und die gebackenen, noch warmen Kipferl darin wenden.

SPITZBUBEN
dreimal anders

Zubereitung: 20 Min. | Kühlzeit: mind. 60 Min. (besser über Nacht) | Backzeit: 8–10 Min.

Zutaten für je ca. 40 Stück

... klassisch

Für den Mürbeteig:
300 g Mehl • 200 g wachsweiche Butter • 80 g Puderzucker
1 Msp. Bio-Zitronenabrieb
1 Msp. Vanillemark
1 Prise Salz • 1 Eigelb

Außerdem:
ca. 100 g Puderzucker
100 g Himbeerkonfitüre

... mit Schokolade

Zutaten wie oben, statt Zitronenabrieb 2–3 EL Kakaopulver

Außerdem:
150 g dunkle Kuvertüre
100 g Sauerkirschkonfitüre

... mit Thymian

Zutaten wie oben, dazu:
2 EL getrockneter Thymian
100 g Aprikosenkonfitüre

Für den Thymianzucker:
100 g Zucker • 1 EL getrockneter Thymian • 1 Msp. grüne Lebensmittelfarbe (Pulver)

Backblech • Backpapier • Sternausstecher (ca. 3,5 cm ø) • runder Ausstecher oder Lochtülle (ca. 1 cm ø) • Spritzbeutel

... klassisch

1 Für den Mürbeteig alle Zutaten verkneten. Zu einem Rechteck formen, in Frischhaltefolie gewickelt mindestens 1 Stunde (besser über Nacht) kühl stellen.

2 Den Backofen auf 180 °C Ober-/Unterhitze vorheizen. Den Teig auf der bemehlten Arbeitsfläche 3 mm dick ausrollen und Sterne ausstechen. Bei der Hälfte der Sterne jeweils in der Mitte mit einem kleinen, runden Ausstecher ein Loch ausstechen. Auf ein mit Backpapier belegtes Blech legen und im Ofen 8 bis 10 Minuten goldgelb backen.

3 Die Plätzchen mit dem Loch sofort mit Puderzucker bestäuben. Die restlichen Sterne abkühlen lassen und mit einem Spritzbeutel einen Klecks glatt gerührte Konfitüre aufspritzen.

4 Plätzchen mit Loch erneut mit Puderzucker bestäuben und mittig auf die Plätzchen mit Konfitüre setzen.

... mit Schokolade

Den Teig wie oben beschrieben herstellen, ausstechen und backen. Die Sterne mit Loch mit temperierter Kuvertüre überziehen (siehe S. 17). Auf Backpapier fest werden lassen. Auf die Sterne ohne Loch je einen Klecks glatt gerührter Konfitüre aufspritzen, dann die Plätzchen zusammensetzen.

... mit Thymian

Den Teig wie oben beschrieben herstellen, ausstechen und backen. Die Zutaten für den Thymianzucker im Mixer fein mahlen, die Plätzchen mit dem Loch sofort damit bestreuen. Mit Konfitüre füllen wie im Klassiker-Rezept Schritt 3 und 4 beschrieben.

DONUTPLÄTZCHEN *mit Marzipan & Aprikose*

Zubereitung: 90 Min. | Kühlzeit: mind. 120 Min. (besser über Nacht) | Backzeit: 12–14 Min.

Zutaten für ca. 60 Stück

Für den Mürbeteig:
150 g Mehl
50 g Puderzucker
100 g wachsweiche Butter
1 Eigelb
Salz
1 Msp. Vanillemark

Für die Füllung:
140 g Marzipanrohmasse
50 g Eiweiß
40 g zimmerwarme Butter
1 Msp. Vanillemark
etwas Bio-Zitronenabrieb
1–2 EL Grand Marnier

Für die Glasur:
150 g Aprikosenkonfitüre
200 g flüssiger Fondant (siehe S. 15)
bunte Zuckerstreusel

Außerdem:
1 Platte Blätterteig aus dem Kühlregal (ca. 40 x 25 cm)

Backblech • Backpapier
runder Ausstecher (ca. 3,5 cm ø)
runder Ausstecher oder Lochtülle (ca. 1 cm ø)

1 Für den Mürbeteig das Mehl in eine Schüssel sieben und zusammen mit dem Puderzucker, der Butter, dem Eigelb, 1 Prise Salz und Vanillemark rasch zu einem glatten Teig kneten. Zu einem Rechteck formen, in Frischhaltefolie gewickelt mindestens 1 Stunde (besser über Nacht) kühl stellen.

2 Für die Füllung die Marzipanrohmasse in kleine Stücke hacken oder mit einer Reibe grob reiben. Mit den restlichen Zutaten zu einer glatten Masse vermischen.

3 Den Backofen auf 200 °C Ober-/Unterhitze vorheizen. Ein Backblech mit Backpapier belegen. Den Mürbeteig zu einem Rechteck (40 x 25 cm) ausrollen und mit der Marzipanfüllung bestreichen. Dann die Blätterteigplatte auflegen, mit dem Nudelholz vorsichtig andrücken und mit einer Gabel mehrmals einstechen. Die Platte anschließend mit Frischhaltefolie abdecken und 1 Stunde kühl stellen.

4 Wichtig: Um die gewölbte Form von einem Donut zu erhalten, werden die Plätzchen durch die Frischhaltefolie hindurch ausgestochen. Die Folie also erst nach dem Ausstechen entfernen. Mit einem Plätzchenausstecher runde Plätzchen ausstechen und in die Mitte der Plätzchen ein Loch mit einem runden Ausstecher oder einer Lochtülle stechen. Folie entfernen. Die Plätzchen auf das Blech legen und im Ofen auf der mittleren Schiene 12 bis 14 Minuten goldgelb backen. Abkühlen lassen.

5 Für die Glasur die Aprikosenkonfitüre erhitzen und, falls sie zu dick ist, etwas Wasser dazugeben. Die Donutplätzchen dünn damit bestreichen und trocknen lassen. Den Fondant leicht erwärmen, die Plätzchen ebenfalls bestreichen und mit den bunten Streuseln dekorieren. Die Plätzchen trocknen lassen.

LINZER PLÄTZCHEN & LINZER TÖRTCHEN

Zubereitung: 20 Min. | Kühlzeit: mind. 60 Min. (besser über Nacht) | Backzeit: 9–12 bzw. 12–15 Min.

Zutaten für je ca. 70 Stück

Linzer Plätzchen

Für den Mürbeteig:
125 g Mehl • 125 g wachsweiche Butter • 100 g Puderzucker
125 g gemahlene Haselnüsse
1 Eigelb • 1 TL Zimtpulver
1 EL Rum • 1 Prise Salz
1 Msp. Vanillemark
1 Msp. Bio-Orangenabrieb

Außerdem:
150 g Johannisbeerkonfitüre
150 g Zucker • Puderzucker

Linzer Törtchen

Für den Mürbeteig:
Zutaten siehe oben

Für die Marzipanfüllung:
220 g Marzipanrohmasse
50 g Puderzucker
1 Eiweiß • 1 Msp. Vanillemark
etwas Bio-Zitronenabrieb

Außerdem:
100 g Johannisbeerkonfitüre
100 g Puderzucker
2–3 EL Zitronensaft

Backblech • Backpapier, runder Ausstecher mit Wellenrand (3,5 cm ø) bzw. runder Ausstecher • Mini-Muffinform (24 Mulden) • Spritzbeutel mit mittlerer Sterntülle

Linzer Plätzchen

1 Für den Mürbeteig das Mehl auf die Arbeitsfläche sieben. Mit den übrigen Zutaten rasch zu einem glatten Teig verkneten. Zu einem Rechteck formen, in Frischhaltefolie gewickelt mindestens 1 Stunde (besser über Nacht) kühl stellen.

2 Den Backofen auf 170 °C Ober-/Unterhitze vorheizen. Ein Backblech mit Backpapier belegen. Den Teig auf der bemehlten Arbeitsfläche 3 mm dick ausrollen und mit einem runden Ausstecher mit Wellenrand Kreise ausstechen. Die Plätzchen auf das Blech legen und im Ofen auf der mittleren Schiene 8 bis 10 Minuten goldbraun backen.

3 Die Plätzchen abkühlen lassen und jeweils 2 Plätzchen mit etwas glatt gerührter Konfitüre zusammensetzen. Fest werden lassen, dann bei 100 °C Ober-/Unterhitze im Ofen auf der mittleren Schiene noch mal 1 bis 2 Minuten erwärmen. Noch warm mit der Oberseite in den Zucker tauchen. Die Plätzchen abkühlen lassen, leicht mit Puderzucker bestäuben.

Linzer Törtchen

1 Den Teig wie oben beschrieben zubereiten und kühl stellen. Den Backofen auf 170 °C Ober-/Unterhitze vorheizen. Eine Mini-Muffinform einfetten und mit Mehl ausstäuben. Die Marzipanrohmasse mit den übrigen Zutaten für die Füllung verkneten.

2 Den Teig 3 bis 4 mm dick ausrollen, Kreise in der Größe der Muffinmulden-Böden ausstechen und in die Muffinform legen. Mit dem Spritzbeutel je einen Marzipanring auf den Teig spritzen. Die Mitte mit glatt gerührter Konfitüre füllen. Im Ofen auf der mittlere Schiene 12 bis 15 Minuten backen.

3 Törtchen leicht abkühlen lassen und aus der Form stürzen. Restlichen Teig auf diese Weise verarbeiten. Puderzucker mit Zitronensaft glatt rühren, die Törtchen damit bestreichen.

WEIHNACHTSMARMELADEN

Mit diesen Konfitüren lassen sich nicht nur Plätzchen, Torten und Co. füllen, sie schmecken auch herrlich als Aufstrich, zum Beispiel auf der Neujahrsbrezel von Seite 176. Die Rezepte ergeben jeweils 3 Gläser à 150 g.

Christmas-Gelee

Am Vortag 100 g Himbeerpüree (dazu 150 g Himbeeren passieren), 100 ml Quittensaft (ungezuckert, dazu 200 g Quitten entsaften) und 100 ml frischen Orangensaft in einem Topf mit 150 g Gelierzucker 2:1 und 1–2 Msp. Zitronensäure bis zum ersten Aufwallen erhitzen. Abgedeckt über Nacht kühl stellen. Dadurch löst sich der Zucker besser, und das Gelee behält länger seine Farbe.

Am nächsten Tag unter vorsichtigem Rühren aufkochen. 3 bis 5 Minuten bei starker Hitze sprudelnd kochen, dabei stetig rühren und sorgfältig abschäumen. Für eine Gelierprobe einige Tropfen Gelee auf einen kalten Teller träufeln. Wenn es leicht geliert, ist es fertig.

Das heiße Gelee sofort in sterilisierte Gläser füllen und verschließen. Zum Sterilisieren die Gläser und Deckel vor dem Befüllen in kochendes Wasser tauchen und auf einem sauberen Küchentuch abtropfen lassen. Einen Schluck Schnaps in die Glasdeckel geben und wieder ausgießen, um Schimmelbildung zu vermeiden.

Schwarze Johannisbeere & Sternanis

Am Vortag 300 g gezupfte Schwarze Johannisbeeren in einem Topf mit 2 Sternanis, 150 g Gelierzucker 2:1 und 1–2 Msp. Zitronensäure bis zum ersten Aufwallen erhitzen. Abgedeckt über Nacht kühl stellen.

Am nächsten Tag die Beeren passieren, um die Häute und Samenkerne zu entfernen. In einem Topf unter vorsichtigem Rühren aufkochen. Etwa 5 Minuten bei starker Hitze sprudelnd kochen, dabei stetig rühren und sorgfältig abschäumen. Gelierprobe und Abfüllen siehe Christmas-Gelee.

Sweet-Orange-Marmelade

Am Vortag 300 ml frischen Orangensaft, Zesten von 1 Bio-Orange, 3 angedrückte grüne Kardamomkapseln, 150 g Gelierzucker 2:1, 2–3 EL Rosenwasser und 1–2 Msp. Zitronensäure in einem Topf mischen und bis zum ersten Aufwallen erhitzen. Abgedeckt über Nacht kühl stellen.

Am nächsten Tag kochen und abfüllen wie beim Christmas-Gelee beschrieben.

Mispelkonfitüre

Am Vortag 300 g geschälte, entkernte und klein geschnittene Mispeln (entspricht 500 g ungeputzten Mispeln) in einem Topf mit 150 g Gelierzucker 2:1, ½ Vanilleschote und 1–2 Msp. Zitronensäure bis zum ersten Aufwallen erhitzen. Abgedeckt über Nacht kühl stellen.

Am nächsten Tag die Mispeln passieren. Mit einem Messer das Mark der gekochten Vanilleschote auskratzen und dazugeben. Dann kochen und abfüllen wie beim Christmas-Gelee beschrieben.

Es gibt verschiedene Sorten von Mispeln, ich habe die japanische Wollmispel, auch Nispero genannt, verwendet. Sie hat eine frische, gelbe Farbe, und ihr Geschmack erinnert an Aprikose und Pfirsich.

TERRASSENPLÄTZCHEN
zweimal anders

Zubereitung: 60 Min. | Kühlzeit: mind. 60 Min. (besser über Nacht) | Backzeit: 6–8 Min.

Zutaten für je ca. 50 Stück

Terrassenplätzchen

Für den Mürbeteig:
200 g Mehl
140 g wachsweiche Butter
60 g Puderzucker
1 Msp. Bio-Zitronenabrieb
1 Msp. Vanillemark
1 Prise Salz • 1 Eigelb

Außerdem:
100 g Himbeerkonfitüre
Puderzucker zum Bestäuben

Nougat-Terrassenplätzchen

Für den Mürbeteig:
Zutaten siehe oben, dazu:
2 EL fein gehackter Ingwer

Außerdem:
Zucker zum Eintauchen der Sterne
Puderzucker zum Bestäuben
100 g Kirschkonfitüre
30 g Nussnougat (über dem Wasserbad geschmolzen)

Backblech • Backpapier
runde Ausstecher mit Wellenrand in 3 Größen bzw. Sternausstecher (1 cm ø), Mondausstecher (4 cm ø) und runder Ausstecher mit Wellenrand (5 cm ø)

Terrassenplätzchen

1 Für den Mürbeteig das Mehl auf die Arbeitsfläche sieben. Mit den übrigen Zutaten rasch zu einem glatten Teig verkneten. Den Teig zu einem Rechteck formen, in Frischhaltefolie gewickelt mindestens 1 Stunde (besser über Nacht) kühl stellen.

2 Den Backofen auf 180 °C Ober-/Unterhitze vorheizen. Ein Backblech mit Backpapier belegen. Den Teig auf der bemehlten Arbeitsfläche 3 mm dick ausrollen und mit runden Ausstechern mit Wellenrand Kreise in drei verschiedenen Größen ausstechen (jeweils die gleiche Anzahl an Kreisen). Auf das Backblech legen und im Ofen auf der mittleren Schiene 6 bis 8 Minuten goldbraun backen. Abkühlen lassen.

3 Die Himbeerkonfitüre durch ein Sieb streichen und glatt rühren. Die mittleren und kleinen Plätzchen auf der Unterseite damit bestreichen und je ein großes, ein mittleres und ein kleines Plätzchen zu Terrassen zusammensetzen. Leicht mit Puderzucker bestäuben.

Nougat-Terrassenplätzchen

1 Den Teig wie oben beschrieben zubereiten, dabei den Ingwer unterkneten. Auf der bemehlten Arbeitsfläche 3 mm dick ausrollen und wie folgt ausstechen: je zwei bis 3 kleine Sterne pro Sonne (Kreis mit Wellenrand) und Mond. Auf das Blech legen und wie oben beschrieben goldbraun backen. Die Sterne zusammen backen, sie haben eine deutlich kürzere Backzeit.

2 Die Sterne gleich nach dem Backen in Zucker tauchen. Die Monde noch warm leicht mit Puderzucker bestäuben. Jeweils eine Sonne mit fein passierter Konfitüre bestreichen, darauf einen Mond platzieren. Auf jeden Mond zwei bis drei kleine Tupfen Nougat setzen und darauf jeweils einen Stern drücken. Auf diese Weise alle Plätzchen zusammensetzen.

HOLUNDERFEUER
mit Himbeerkonfitüre

Zubereitung: 45 Min. | Kühlzeit: 2–3 Std. | Backzeit: 8–10 Min.

Zutaten für ca. 40 Stück

Für den Teig:
125 g Butter
60 g Puderzucker
Salz
1 Msp. Vanillemark
½ TL Bio-Zitronenabrieb
200 g Mehl
1 Msp. Backpulver

Für die Füllung:
je 100 g Holunderbeer- und Himbeerkonfitüre
2–3 EL Vogelbeerschnaps

Für die Spritzglasur:
½ frisches Eiweiß
125 g Puderzucker
1 TL Zitronensaft

Backblech • Backpapier
runde Ausstecher (ca. 3,5 cm ø)
Papier-Spritzbeutel (siehe S. 11)

1 Für den Teig die Butter in einem Topf unter Rühren schmelzen und abkühlen lassen.

2 Die flüssige Butter in einer Rührschüssel mit dem Puderzucker, 1 Prise Salz, dem Vanillemark und dem Zitronenabrieb mischen. Das Mehl und das Backpulver über die Buttermasse sieben und alle Zutaten mit den Händen zu einem glatten Teig verkneten. Zu einem Rechteck formen, in Frischhaltefolie gewickelt 2 bis 3 Stunden kühl stellen.

3 Den Backofen auf 170 °C Ober-/Unterhitze vorheizen. Ein Backblech mit Backpapier belegen. Den Teig auf der bemehlten Arbeitsfläche 3 mm dick ausrollen und Kreise ausstechen. Die Plätzchen auf das Backblech legen und im Ofen auf der mittleren Schiene 8 bis 10 Minuten ganz hell backen. Herausnehmen und abkühlen lassen.

4 Die beiden Konfitüren mit dem Vogelbeerschnaps mischen und glatt rühren. Die Hälfte der Plätzchen dünn mit 100 g aromatisierter Konfitüre bestreichen, dann mit den restlichen Plätzchen zusammensetzen. Etwas trocknen lassen.

5 Die restliche Konfitüre erhitzen und die Oberfläche der Plätzchen eintauchen. Für eine satte rote Farbe den Vorgang noch einmal wiederholen. Trocknen lassen.

6 Für die Spritzglasur das Eiweiß, den Puderzucker und den Zitronensaft in einer hohen Rührschüssel mit den Quirlen des Handrührgeräts bei niedriger Stufe 4 bis 5 Minuten zu einer steifen, weiß glänzenden Glasur verrühren (siehe S. 19).

7 Einen Spritzbeutel aus Pergamentpapier falten, mit der Glasur füllen und die Plätzchen damit verzieren.

TOFFEE-NOUGAT-PLÄTZCHEN
mit Haselnüssen

Zubereitung: 45 Min. | Kühlzeit: mind. 2–3 Std. (besser über Nacht) | Backzeit: 8–10 Min.

Zutaten für ca. 60 Stück

Für den Mürbeteig:
200 g Mehl
140 g wachsweiche Butter
60 g Puderzucker
1 Msp. Vanillemark
Salz
1 Eigelb
2 EL Kakaopulver
3 EL Schokoraspel

Für die Toffeemasse:
14 weiche Toffeebonbons (ca. 90 g)
100 g Sahne

Für die Füllung:
150 g Nussnougat (über dem Wasserbad geschmolzen)

Außerdem:
ca. 150 g dunkle Kuvertüre
60 ganze, geröstete Haselnüsse (siehe Tipp rechts)

Backblech • Backpapier
runde Ausstecher (ca. 3,5 cm ø)
Spritzbeutel mit kleiner Lochtülle

1 Für den Mürbeteig das Mehl auf die Arbeitsfläche sieben und in die Mitte eine Mulde drücken. Butter in Stücken, Puderzucker, Vanillemark, 1 Prise Salz, Eigelb, Kakaopulver und Schokoraspel in die Vertiefung geben. Alles mit den Händen rasch zu einem glatten Teig verkneten. Zu einem Rechteck formen, in Frischhaltefolie gewickelt mindestens 2 bis 3 Stunden (besser über Nacht) kühl stellen.

2 Für die Toffeemasse die Bonbons mit der Sahne in einen Topf geben und bei schwacher Hitze schmelzen. Kurz unter ständigem Rühren aufkochen, den Topf vom Herd nehmen und die Masse abkühlen lassen.

3 Den Backofen auf 180 °C Ober-/Unterhitze vorheizen. Ein Backblech mit Backpapier belegen. Den Mürbeteig auf der bemehlten Arbeitsfläche ausrollen und Kreise ausstechen. Auf das Backblech setzen und im Ofen auf der mittleren Schiene 8 bis 10 Minuten backen. Herausnehmen und abkühlen lassen.

4 Den Nougat über dem Wasserbad schmelzen und immer zwei Plätzchen mit etwas flüssigem Nougat zusammensetzen. Die Plätzchen mit temperierter dunkler Kuvertüre filieren (siehe S. 16 und S. 18). Auf jedes zusammengesetzte Plätzchen mit dem Spritzbeutel mittig einen Tupfen Toffeemasse aufspritzen und je eine geröstete Haselnuss hineindrücken.

FEINES RÖSTAROMA

Die Haselnüsse auf einem Backblech ausbreiten und im auf 180 °C vorgeheizten Backofen etwa 12 Minuten rösten, bis sie nussig duften und leicht braun sind.

ÖSTERREICHISCHE BRABANZERL
mit Johannisbeerkonfitüre

Zubereitung: 60 Min. | Kühlzeit: mind. 60 Min. (besser über Nacht) | Backzeit: 8–10 Min.

Zutaten für ca. 50 Stück

Für den Teig:
50 g dunkle Kuvertüre
150 g Mehl
50 g Puderzucker
Salz
50 g gemahlene Haselnüsse
150 g wachsweiche Butter
½ TL frisch geriebene Muskatnuss
1 Msp. Vanillemark

Außerdem:
150 g Johannisbeerkonfitüre
300 g dunkle Kuvertüre
100 g halbierte blanchierte Mandeln
50 g Vollmilchkuvertüre

Backblech • Backpapier
runde Ausstecher mit Wellenrand
(ca. 3,5 cm ø)
Papier-Spritzbeutel (siehe S. 11)

1 Für den Teig die Kuvertüre grob hacken und in einer Metallschüssel über dem heißen Wasserbad unter Rühren schmelzen. Mehl mit Puderzucker, 1 Prise Salz, Haselnüsse, Butter, geschmolzene Kuvertüre, Muskatnussabrieb und Vanillemark mit den Händen rasch zu einem glatten Teig verkneten. Zu einem Rechteck formen, in Frischhaltefolie gewickelt mindestens 1 Stunde (besser über Nacht) kühl stellen.

2 Den Backofen auf 170 °C Ober-/Unterhitze vorheizen. Ein Backblech mit Backpapier auslegen. Den Teig auf der bemehlten Arbeitsfläche 3 mm dick ausrollen und runde Plätzchen ausstechen. Auf das Backblech legen und im Ofen auf der mittleren Schiene 8 bis 10 Minuten goldbraun backen. Herausnehmen und abkühlen lassen.

3 Die Johannisbeerkonfitüre in einem Topf erwärmen und glatt rühren. Die Hälfte der Plätzchen auf der Unterseite mit der Konfitüre bestreichen und mit den übrigen Plätzchen zusammensetzen.

4 Die dunkle Kuvertüre grob hacken, schmelzen und temperieren (siehe S. 16). Die Plätzchen damit überziehen und jeweils mit einer Mandelhälfte belegen. Die Vollmilchkuvertüre ebenfalls grob hacken, schmelzen und temperieren. Die Glasur in einen selbst gefalteten Spritzbeutel aus Pergamentpapier füllen und die Plätzchen damit filieren (siehe S. 18).

STEIRISCHE KÜRBISKERNPLATZERL
mit Weichselkonfitüre

Zubereitung: 75 Min. | Kühlzeit: mind. 60 Min. (besser über Nacht) | Backzeit: 8–10 Min.

Zutaten für ca. 30 Stück

Für den Mürbeteig:
100 g Kürbiskerne
160 g Mehl
100 g Buchweizenmehl
½ TL Backpulver
50 g wachsweiche Butter
130 g Waldhonig
3 EL Kürbiskernöl
1 Msp. Vanillemark
Salz
etwas Bio-Zitronenabrieb
1 Msp. Sternanispulver
1 Eigelb

Außerdem:
100 g Weichselkonfitüre
(oder Sauerkirschkonfitüre)
200 g dunkle Kuvertüre

Backblech • Backpapier
Mondausstecher (ca. 3,5 × 2,5 cm)

1 Für den Mürbeteig die Kürbiskerne in einer beschichteten Pfanne ohne Fett leicht anrösten, anschließend fein hacken. 20 g für die Garnitur beiseitelegen.

2 Beide Mehlsorten mit dem Backpulver mischen, auf die Arbeitsfläche sieben und in die Mitte eine Mulde drücken. Butter in Stücken, Honig, Kürbiskernöl, gehackte Kürbiskerne, Vanillemark, 1 Prise Salz, Zitronenabrieb, Sternanis und Eigelb in die Vertiefung geben. Alle Zutaten mit den Händen rasch zu einem glatten Teig verkneten. Zu einem Rechteck formen, in Frischhaltefolie gewickelt mindestens 1 Stunde (besser über Nacht) kühl stellen.

3 Den Backofen auf 180 °C Ober-/Unterhitze vorheizen. Ein Backblech mit Backpapier belegen. Den Teig auf der bemehlten Arbeitsfläche 3 mm dick ausrollen und mit einem Ausstecher Monde ausstechen. Auf das Backblech legen und im Ofen auf der mittleren Schiene 8 bis 10 Minuten backen. Herausnehmen und auf einem Kuchengitter abkühlen lassen.

4 Die Konfitüre in einem Topf erwämen und glatt rühren. Die Hälfte der Plätzchen auf der Unterseite damit bestreichen und mit den übrigen Plätzchen zusammensetzen.

5 Die dunkle Kuvertüre grob hacken, schmelzen und temperieren (siehe S. 16). Die Plätzchen jeweils zur Hälfte in die Kuvertüre tauchen. Sofort mit den beiseitegelegten gehackten Kürbiskernen bestreuen und trocknen lassen.

FLORENTINERPLÄTZCHEN
mit Pistaziennougat

Zubereitung: 90 Min. | Kühlzeit: mind. 60 Min. (besser über Nacht) | Backzeit: 11–14 Min.

Zutaten für ca. 30 Stück

Für den Mürbeteig:
300 g Mehl
100 g Puderzucker
200 g wachsweiche Butter
1 Eigelb
1 EL Eierpunsch
Salz
1 Msp. Vanillemark

Für die Florentinermasse:
20 g Butter
50 g Zucker
30 g Honig
35 g gehobelte Haselnüsse oder Mandeln
15 g Pistazienkerne
Salz
1 Msp. Vanillemark

Für die Füllung:
150 g Pistaziennougat

Backblech • Backpapier
quadratischer Ausstecher mit Wellenrand (ca. 3,5 × 3,5 cm)
Papier-Spritzbeutel (siehe S. 11)

1 Für den Mürbeteig das Mehl in eine Schüssel sieben und zusammen mit dem Puderzucker, der Butter, dem Eigelb, dem Eierpunsch, 1 Prise Salz und Vanillemark rasch zu einem glatten Teig kneten. Zu einem Rechteck formen, in Frischhaltefolie gewickelt mindestens 1 Stunde (besser über Nacht) kühl stellen.

2 Ein Backblech mit Backpapier belegen und den Ofen auf 180 °C Ober-/Unterhitze vorheizen. Den Mürbeteig 3 mm dick ausrollen und mit einem Ausstecher ausstechen. Die Hälfte der Plätzchen auf der mittleren Schiene 10 bis 12 Minuten backen. Abkühlen lassen. Die andere Hälfte nur 8 bis 10 Minuten backen, auf sie kommt später die Florentinermasse.

3 Für die Florentinermasse die Butter, den Zucker und den Honig in einen kleinen Topf geben und unter Rühren kurz aufkochen lassen. Den Topf vom Herd nehmen. Die gehobelten Haselnüsse mit der Hand etwas zerbrechen, die Pistazien grob hacken und beides mit 1 Prise Salz und Vanillemark unter die heiße Honigmasse rühren.

4 Je einen kleinen Klecks der Florentinermasse auf die vorgebackenen Plätzchen geben und leicht andrücken. Die Plätzchen anschließend nochmals 3 bis 4 Minuten backen, bis sie goldgelb sind. Abkühlen lassen.

5 Pistaziennougat ist normalerweise sehr weich und cremig. Nur falls er zu fest ist, über dem Wasserbad etwas erwärmen. In einen kleinen, selbst gefalteten Spritzbeutel aus Pergamentpapier füllen. Jeweils ein Plätzchen mit und eines ohne Florentinerschicht mit Nougat zusammensetzen und fest werden lassen.

TONKA-STERNE
mit Milchmädchencreme

Zubereitung: 90 Min. | Kühlzeit: mind. 60 Min. (besser über Nacht) | Backzeit: 10–12 Min.

Zutaten für ca. 60 Stück

Für den Mürbeteig:
300 g Mehl
100 g Puderzucker
200 g wachsweiche Butter
1 Eigelb
2 Msp. Natron
Abrieb von ½ Tonkabohne
Salz
1 Msp. Vanillemark

Für die Creme und Glasur:
50 g weiße Kuvertüre
200 ml Milchmädchen-Kondensmilch (gezuckerte Kondensmilch)
1 Stück Vanilleschote (ca. 2 cm)

Außerdem:
200 g Heidelbeerkonfitüre
100 g feiner Zucker

Backblech • Backpapier
Sternausstecher (ca. 3,5 cm ø)
Papier-Spritzbeutel (siehe S. 11)
Bunsenbrenner

1 Für den Mürbeteig das Mehl in eine Schüssel sieben und zusammen mit dem Puderzucker, der Butter, dem Eigelb, dem Natron, Tonkabohnenabrieb, 1 Prise Salz und Vanillemark rasch zu einem glatten Teig kneten. Anschließend zu einem Rechteck formen und in Frischhaltefolie gewickelt mindestens 1 Stunde (besser über Nacht) kühl stellen.

2 Den Backofen auf 180 °C Ober-/Unterhitze vorheizen. Ein Backblech mit Backpapier belegen. Den Mürbeteig 3 mm dick ausrollen und mit einem Plätzchenausstecher Sterne ausstechen. Die Plätzchen auf das Backblech legen und im Ofen auf der mittleren Schiene 10 bis 12 Minuten backen. Abkühlen lassen.

3 Für die Creme die weiße Kuvertüre hacken und in eine Schüssel geben. Die Kondensmilch zusammen mit der Vanilleschote in einem Topf bei mittlerer Hitze 3 bis 4 Minuten eindicken lassen (sie darf aber nicht braun werden). Die Vanilleschote entfernen und die Kondensmilch zur gehackten Kuvertüre geben, zu einer homogenen Masse rühren und zugedeckt abkühlen lassen.

4 Auf die Hälfte der Sterne mit einem selbst gefalteten Spritzbeutel aus Pergamentpapier die Milchmädchencreme aufspritzen. Dabei die Sternkontur nachfahren, sodass in der Mitte noch Platz für die Heidelbeerkonfitüre ist. Die Konfitüre mit einem Teelöffel oder einem kleinen Spritzbeutel mittig einfüllen.

5 Nun die andere Hälfte der Sterne dünn mit der Milchmädchencreme bestreichen, mit feinem Zucker bestreuen und vorsichtig mit einem Bunsenbrenner karamellisieren. Die Sterne anschließend zusammensetzen.

WEIHNACHTSMÄNNER
mit Nougat

Zubereitung: 90 Min. | Kühlzeit: mind. 60 Min. (besser über Nacht) | Backzeit: 10–12 Min.

Zutaten für ca. 30 Stück

Für den Mürbeteig:
300 g Mehl
100 g Puderzucker
200 g wachsweiche Butter
1 Eigelb
Salz
1 Msp. Vanillemark
Abrieb von ½ Bio-Zitrone

Für die Füllung:
150 g Nougat

Für die Spritzglasur:
1 frisches Eiweiß
ca. 150 g Puderzucker
einige Tropfen wasserlösliche, flüssige rote und schwarze Lebensmittelfarbe
ca. 30 goldene Zuckerperlen

Backblech • Backpapier
Mondausstecher (ca. 3,5 cm)
Papier-Spritzbeutel (siehe S. 11)

1 Für den Mürbeteig das Mehl in eine Schüssel sieben und zusammen mit dem Puderzucker, der Butter, dem Eigelb, 1 Prise Salz, Vanillemark und Zitronenabrieb rasch zu einem glatten Teig kneten. Zu einem Rechteck formen, in Frischhaltefolie gewickelt mindestens 1 Stunde (besser über Nacht) kühl stellen.

2 Den Backofen auf 180 °C Ober-/Unterhitze vorheizen. Ein Backblech mit Backpapier auslegen. Den Mürbeteig 3 mm dick ausrollen und mit einem Ausstecher Monde ausstechen. Die Plätzchen auf das Blech setzen und im Ofen auf der mittleren Schiene 10 bis 12 Minuten backen. Abkühlen lassen.

3 Den Nougat über dem Wasserbad schmelzen und in einen kleinen, selbst gefalteten Spritzbeutel aus Pergamentpapier füllen. Die Plätzchen mit dem Nougat zusammensetzen und fest werden lassen.

4 Für die Spritzglasur (siehe S. 19) das Eiweiß mit dem Puderzucker zu einer cremigen Masse vermischen. Die Glasur darf nicht mehr verlaufen, soll aber spritzfähig sein. Ein Drittel der Glasur mit roter Lebensmittelfarbe einfärben, 1 EL schwarz einfärben. Jede Glasur in einen seperaten Papier-Spritzbeutel füllen und am Ende ein kleines Stück abschneiden.

5 Die Plätzchen als Nikoläuse mit roten Zipfelmützen, weißen Bärten und kleinen schwarzen Tupfen als Augen verzieren. Eine Zuckerperle als Nase aufsetzen. Trocknen lassen.

GLÜHWEINENGEL
mit Lemon Curd

Zubereitung: 90 Min. | Kühlzeit: mind. 60 Min. (besser über Nacht) | Backzeit: 10–12 Min.

Zutaten für ca. 60 Stück

Für den Mürbeteig:
300 g Mehl
100 g Puderzucker
200 g wachsweiche Butter
1 Eigelb
Salz
1 Msp. Vanillemark
Abrieb von ½ Bio-Zitrone
½ TL Glühweingewürz (sehr fein mixen)

Für die Füllung:
300 g Lemon Curd (Fertigprodukt)

Für die Glasur:
200 g flüssiger Fondant (siehe S. 15)
20 ml Glühwein
2–3 Tropfen rosa Lebensmittelfarbe

Außerdem:
einige Zuckersterne zum Verzieren

Backblech • Backpapier
Engelausstecher (ca. 3,5 × 2,5 cm)
Papier-Spritzbeutel (siehe S. 11)

1 Für den Mürbeteig das Mehl in eine Schüssel sieben und zusammen mit dem Puderzucker, der Butter in Stücken, dem Eigelb, 1 Prise Salz, Vanillemark, Zitronenabrieb und Glühweingewürz rasch zu einem glatten Teig kneten. Zu einem Rechteck formen, in Frischhaltefolie gewickelt mindestens 1 Stunde (besser über Nacht) kühl stellen.

2 Den Backofen auf 180 °C Ober-/Unterhitze vorheizen. Ein Backblech mit Backpapier auslegen. Den Mürbeteig 3 mm dick ausrollen und mit einem Ausstecher Engel ausstechen. Die Plätzchen auf das Blech setzen und im Ofen auf der mittleren Schiene 10 bis 12 Minuten backen. Abkühlen lassen.

3 Lemon Curd in einen kleinen, selbst gefalteten Spritzbeutel aus Pergamentpapier füllen und je zwei Plätzchen damit zusammensetzen. Fest werden lassen.

4 Zum Glasieren den Fondant leicht erwärmen und mit dem Glühwein vermischen. Falls der Fondant etwas zu fest ist, mehr Glühwein unterrühren. Nachdem sich Glühwein und Fondant zu einer homogenen Mischung verbunden haben, noch 2 bis 3 Tropfen rosa Lebensmittelfarbe dazugeben, aber nicht vollständig untermischen, um eine marmorierte Optik zu erhalten. Die Plätzchen mit der Oberseite bis zur Kante in die Fondantglasur tauchen. Kurz über Kopf ablaufen lassen, dann auf ein Backpapier setzen und mit einem Stern dekorieren. Trocknen lassen.

FONDANT IN BESTFORM

Es ist wichtig, dass der flüssige Fondant nicht zu warm gemacht wird, ansonsten verliert er den seidenmatten Glanz und kristallisiert aus.

ENGELSAUGEN
mit Anis & Ouzo

Zubereitung: 90 Min. | Kühlzeit: mind. 60 Min. (besser über Nacht) | Backzeit: 12–14 Min.

Zutaten für ca. 70 Stück

Für die Streusel:
80 g kalte Butter
60 g Zucker
125 g Mehl
½ TL Anissamen
1 Prise Salz
1 Msp. Vanillemark

Für den Mürbeteig:
200 g Mehl
60 g gemahlene Mandeln
70 g Puderzucker
125 g wachsweiche Butter
1 Eigelb
Salz
1 Msp. Vanillemark
Abrieb von ½ Bio-Zitrone
1 EL Ouzo

Für die Füllung:
300 g feine Erdbeerkonfitüre

Backblech • Backpapier
Spritzbeutel mit kleiner Lochtülle

1 Für die Streusel alle Zutaten verkneten und mit den Händen krümelig reiben. Anschließend kühl stellen. Die Streusel sollten nicht zu groß sein, damit sie besser auf den Plätzchen halten.

2 Für den Mürbeteig das Mehl mit den Mandeln, dem Puderzucker, der Butter in Stücken, dem Eigelb, 1 Prise Salz, Vanillemark, Zitronenabrieb und dem Ouzo rasch zu einem glatten Teig kneten. In Frischhaltefolie gewickelt mindestens 1 Stunde (besser über Nacht) kühl stellen.

3 Den Ofen auf 180 °C Ober-/Unterhitze vorheizen. Ein Backblech mit Backpapier belegen. Die kalten Streusel noch mal mischen und vereinzeln, anschließend auf einem Teller verteilen.

4 Den Mürbeteig kurz durchkneten, zu drei gleich dicken, etwa 45 cm langen Stangen mit je etwa 160 g formen und jede in etwa 2 cm dicke Stücke teilen. Damit die Plätzchen alle gleich groß werden, zum Teilen ein Lineal verwenden oder die Stücke (5 g) einzeln abwiegen. Mit den Händen die einzelnen Stücke zu Kugeln formen, vorsichtig mit einer Seite in die Streusel drücken und auf das Backblech legen. Mit einem in Mehl getauchten Kochlöffelstiel Mulden mittig in die Kugeln drücken.

5 Die Plätzchen im Ofen auf der mittleren Schiene 7 bis 8 Minuten backen. Kurz aus dem Ofen nehmen und mit dem Kochlöffelstiel die Mulden noch mal nachformen. So hat später die Füllung genügend Platz. Nun noch weitere 5 bis 6 Minuten backen. Abkühlen lassen.

6 Die Konfitüre erwärmen und wieder etwas abkühlen lassen. Mit einem Spritzbeutel etwas Konfitüre in jede Mulde füllen und fest werden lassen.

SONNENBLUMEN-COOKIES
mit Chia

Zubereitung: 90 Min. | Kühlzeit: 90 Min. | Backzeit: 8–10 Min.

Zutaten für ca. 80 Stück

Für den Mürbeteig:
50 g Sonnenblumenkerne
200 g Dinkelweißmehl
70 g Puderzucker
140 g wachsweiche Butter
1 Eigelb
1 EL Chiasamen
2 Msp. Natron
Salz
1 Msp. Vanillemark
Abrieb von ½ Bio-Zitrone

Backblech • Backpapier

1 Für den Mürbeteig die Sonnenblumenkerne in einer Pfanne ohne Fett vorsichtig rösten. Die Kerne abkühlen lassen.

2 Das Mehl in eine Schüssel sieben und zusammen mit dem Puderzucker, der Butter in Stücken, dem Eigelb, den Chiasamen, den abgekühlten Sonnenblumenkernen, dem Natron, 1 Prise Salz, Vanillemark und Zitronenabrieb rasch zu einem glatten Teig kneten. In Frischhaltefolie gewickelt 1 Stunde kühl stellen.

3 Den Teig kurz durchkneten und zu einer 3 cm dicken Stange formen. Erneut etwa 30 Minuten kühl stellen.

4 Den Backofen auf 180 °C Ober-/Unterhitze vorheizen. Das Backblech mit Backpapier belegen. Die Stange in 5 mm breite Scheiben schneiden und auf das Backblech legen. Im Ofen auf der mittleren Schiene 8 bis 10 Minuten goldgelb backen. Abkühlen lassen.

✸ LUST AUF NOCH MEHR CHIA?

Wer Chiasamen sehr gerne mag, kann die frisch geformten Teigstangen zusätzlich mit den Samen ummanteln. Hierfür die Samen auf ein Blech geben und die noch weichen Stangen vorsichtig darin wälzen. Sie sollten rundherum mit Chiasamen bedeckt sein. Dann kühl stellen und wie oben beschrieben fertigstellen.

PINIENKERNRINGE
mit Christmas-Gelee

Zubereitung: 90 Min. | Kühlzeit: mind. 60 Min. (besser über Nacht) | Backzeit: 10–12 Min.

Zutaten für ca. 80 Stück

Für den Mürbeteig:
100 g Pinienkerne
200 g Mehl
100 g Puderzucker
200 g wachsweiche Butter
1 Eigelb
Salz
1 Msp. Vanillemark

Zum Bestreuen und Bestreichen:
100 g Pinienkerne
1 Eigelb
2 EL Milch

Für die Füllung:
300 g Christmas-Gelee (siehe S. 46)

Backblech • Backpapier
Plätzchenausstecher mit Wellenrand (3,5 cm ø)
runder Ausstecher oder Lochtülle (1 cm ø)
kleiner Spritzbeutel

1 Für den Mürbeteig die Pinienkerne in der Küchenmaschine oder mit einem Mixer fein mahlen. Das Mehl in eine Schüssel sieben und zusammen mit den gemahlenen Pinienkernen, dem Puderzucker, der Butter in Stücken, dem Eigelb, 1 Prise Salz und Vanillemark rasch zu einem glatten Teig kneten. Zu einem Rechteck formen, in Frischhaltefolie gewickelt mindestens 1 Stunde (besser über Nacht) kühl stellen.

2 Den Backofen auf 180 °C Ober-/Unterhitze vorheizen. Ein Backblech mit Backpapier belegen. Die Pinienkerne zum Bestreuen hacken. Den Mürbeteig 3 mm dick ausrollen und mit einem Plätzchenausstecher mit Wellenrand runde Plätzchen ausstechen. In die Hälfte der Plätzchen mit einem runden Ausstecher oder einer Lochtülle ein Loch stechen. Das Eigelb mit der Milch verquirlen und nur die Plätzchen mit Loch dünn damit bestreichen. Mit den gehackten Pinienkernen bestreuen.

3 Alle Plätzchen im Ofen auf der mittleren Schiene 10 bis 12 Minuten goldgelb backen. Abkühlen lassen.

4 Das Gelee erwärmen und glatt rühren. Sobald das Gelee etwas abgekühlt ist, in einen Spritzbeutel füllen. Je einen Tupfen Gelee auf die Plätzchen ohne Loch spritzen und die Plätzchen mit Loch auflegen. Fest werden lassen.

SPRITZGEBÄCK
zweimal anders

Zubereitung: 30 Min. | Backzeit: 8–10 Min.

Zutaten für je ca. 100 Stück

Spritzgebäck

Für den Teig:
100 g Marzipanrohmasse
100 g wachsweiche Butter
2 EL Puderzucker
1 Ei • Salz
2 EL Mandelmus (aus dem Bioladen)
1 Msp. Vanillemark
1 Msp. Bio-Zitronenabrieb
140 g Mehl

Außerdem:
150 g dunkle Kuvertüre

Nougat-Spritzgebäck

Für den Teig:
100 g Marzipanrohmasse
100 g wachsweiche Butter
2 EL Puderzucker
1 Ei
2 EL Nussnougat (über dem Wasserbad geschmolzen)
1 Prise Salz
1 Msp. Vanillemark
2 EL Rum
140 g Mehl

Außerdem:
100 g dunkle Kuvertüre

Backblech • Backpapier
Spritzbeutel mit mittlerer Sterntülle

Spritzgebäck

1 Für den Teig die Marzipanrohmasse grob reiben und mit der Butter kurz von Hand in einer Schüssel vermischen. Den Puderzucker hinzugeben und alles leicht schaumig rühren. Das Ei, 1 Prise Salz, das Mandelmus, das Vanillemark und den Zitronenabrieb hinzufügen, das Mehl darübersieben und alle Zutaten mit den Knethaken des Handrührgeräts verrühren.

2 Den Backofen auf 180 °C Ober-/Unterhitze vorheizen. Ein Backblech mit Backpapier belegen. Den Teig in einen Spritzbeutel mit mittlerer Sterntülle füllen und Hörnchen auf das Backpapier spritzen. Im Ofen auf der mittleren Schiene 8 bis 10 Minuten backen. Herausnehmen und abkühlen lassen.

3 Die Kuvertüre grob hacken, schmelzen und temperieren (siehe S. 16). Die Enden des Spritzgebäcks hineintauchen. Die Plätzchen trocknen lassen.

Nougat-Spritzgebäck

1 Die Zutaten wie oben beschrieben zu einem Teig verarbeiten, dabei den Rum zusammen mit dem Mehl unterrühren.

2 Den Backofen auf 180 °C Ober-/Unterhitze vorheizen. Ein Backblech mit Backpapier belegen. Den Teig in einen Spritzbeutel mit mittlerer Sterntülle füllen und Stäbchen auf das Backpapier spritzen. Im Ofen auf der mittleren Schiene 8 bis 10 Minuten backen. Herausnehmen und abkühlen lassen.

3 Die Kuvertüre grob hacken, schmelzen und temperieren (siehe S. 16). Die Plätzchen damit filieren (siehe S. 18). Trocknen lassen.

ZITRONENSTÄBCHEN & HASELNUSSSTÄBCHEN

Zubereitung: 45 Min. | Backzeit: 8–10 Min.

Zutaten für je ca. 50 Stück

Zitronenstäbchen

Für den Teig:
100 g Butter • 100 g Puderzucker
1 Ei • 1 Eigelb
Salz • 1 Msp. Vanillemark
etwas Bio-Zitronen- oder -Limettenabrieb
160 g Mehl • ¼ TL Backpulver

Außerdem:
3–4 EL Lemon Curd (Fertigprodukt)
200 g dunkle Kuvertüre

Haselnussstäbchen

Für den Teig:
100 g Butter • 100 g Puderzucker
1 Ei • 1 Eigelb • 1 Prise Salz
100 g Mehl • ¼ TL Backpulver
60 g gemahlene Haselnüsse
1 Msp. Vanillemark • ¼ TL Zimtpulver
2 EL Weinbrand (z. B. Cointreau)

Außerdem:
3–4 EL Nussnougat
200 g Vollmilchkuvertüre

Backblech • Backpapier
Spritzbeutel mit mittlerer Lochtülle

Zitronenstäbchen

1 Für den Teig die Butter und den Puderzucker schaumig rühren – aber nur leicht, da die Plätzchen sonst beim Backen zu sehr verlaufen. Das Ei und das Eigelb mit 1 Prise Salz, Vanillemark und Zitrusabrieb nach und nach dazugeben. Das Mehl und das Backpulver mischen, darübersieben und unterrühren.

2 Den Backofen auf 180 °C Ober-/Unterhitze vorheizen. Ein Backblech mit Backpapier belegen. Den Teig in einen Spritzbeutel mit mittlerer Lochtülle füllen und 3 cm lange Stäbchen auf das Backpapier spritzen. Im Ofen auf der mittleren Schiene 8 bis 10 Minuten goldbraun backen. Herausnehmen und leicht abkühlen lassen.

3 Je zwei Zitronenstäbchen mit etwas Lemon Curd zusammensetzen und fest werden lassen. Die Kuvertüre grob hacken, schmelzen und temperieren (siehe S. 16). Die Stäbchen schräg zur Hälfte hineintauchen. Trocknen lassen.

Haselnussstäbchen

1 Den Teig wie oben beschrieben zubereiten. Dabei das Mehl und das Backpulver sieben, mit den Nüssen, dem Vanillemark und dem Zimt vermischen und unterrühren. Zum Schluss den Weinbrand dazugeben. Den Teig wie oben in Schritt 2 beschrieben weiterverarbeiten und backen.

2 Immer zwei Stäbchen mit etwas Nussnougat zusammensetzen. Fest werden lassen und schräg etwa zur Hälfte in die geschmolzene, temperierte Kuvertüre tauchen. Trocknen lassen.

BÄRENTATZEN & CHILI-MANGO-TATZEN

Zubereitung: 60 Min. | Backzeit: 8–10 Min.

Zutaten für je ca. 35 Stück

Bärentatzen

Für den Teig:
110 g wachsweiche Butter
30 g Puderzucker
1 Msp. Vanillemark
1 Msp. Bio-Mandarinenabrieb
Salz
1 Eigelb
120 g Mehl
3 Zimtblüten (im Mörser zermahlen)

Außerdem:
5 EL Aprikosenkonfitüre
200 g dunkle Kuvertüre

Chili-Mango-Tatzen

Für den Teig:
3 EL Milch
30 g brauner Zucker
110 g wachsweiche Butter
Salz
1 Msp. Vanillemark
1 Eigelb
100 g Mehl
20 g Kakaopulver
1–2 Msp. Chiliflocken

Außerdem:
5 EL Mangokonfitüre
200 g Vollmilchkuvertüre

Backblech • Backpapier
Spritzbeutel mit mittlerer Sterntülle

Bärentatzen

1 Für den Teig die Butter mit Puderzucker, Vanillemark, Mandarinenabrieb und 1 Prise Salz schaumig schlagen. Das Eigelb unterrühren. Das Mehl über die Buttermasse sieben. Die Zimtblüten und 2 EL Wasser dazugeben und alles zu einem glatten Teig verrühren.

2 Den Backofen auf 180 °C Ober-/Unterhitze vorheizen. Ein Backblech mit Backpapier belegen. Den Teig in einen Spritzbeutel mit mittlerer Sterntülle füllen und gleich große Tatzen auf das Backpapier spritzen. Im Ofen auf der mittleren Schiene 8 bis 10 Minuten backen. Herausnehmen und abkühlen lassen.

3 Immer zwei Plätzchen mit Konfitüre zusammensetzen. Etwas fest werden lassen. Die Spitzen der Bärentatzen in die temperierte Kuvertüre tauchen (siehe S. 16). Trocknen lassen.

Chili-Mango-Tatzen

1 Für den Teig die Milch erwärmen und den braunen Zucker unter Rühren darin auflösen.

2 Die Butter mit 1 Prise Salz und dem Vanillemark leicht schaumig rühren. Die Zuckerlösung und das Eigelb dazugeben und alle Zutaten kurz durchrühren.

3 Das Mehl mit dem Kakaopulver in eine Schüssel sieben. Mit den Chiliflocken mischen und die Mehlmischung unter die Buttermasse heben. Backofen auf 180 °C Ober-/Unterhitze vorheizen.

4 Den Teig wie oben beschrieben auf ein Backblech spritzen und die Plätzchen backen. Nach dem Abkühlen je zwei Plätzchen mit Mangokonfitüre zusammensetzen und in die temperierte Kuvertüre tauchen (siehe S. 16). Trocknen lassen.

NOUGATKRÄNZE
mit Pistazien

Zubereitung: 30 Min. | Trockenzeit: über Nacht | Backzeit: 10–12 Min.

Zutaten für ca. 50 Stück

Für den Spritzgebäckteig:
45 g Marzipanrohmasse
150 g wachsweiche Butter
60 g Puderzucker
2 Eigelb
160 g Mehl
40 g Speisestärke
25 g Kakaopulver
Salz
1 Msp. Vanillemark
1 Msp. Zimtpulver

Außerdem:
150 g dunkler Nussnougat
ca. 30 g ungesalzene Pistazienkerne
200 g Zartbitterkuvertüre

Backblech • Backpapier
Spritzbeutel mit mittlerer Sterntülle (3,5 cm)
Papier-Spritzbeutel (siehe S. 11)

1 Für den Teig die Marzipanrohmasse in kleine Stücke schneiden. Die Butter mit dem Puderzucker schaumig rühren. Das Marzipan dazugeben und die Eigelbe nach und nach unterrühren. Das Mehl mit der Speisestärke, dem Kakaopulver, 1 Prise Salz, Vanillemark und Zimt vermischen und anschließend unter die Marzipanmasse rühren.

2 Den Backofen auf 180 °C Ober-/Unterhitze vorheizen und ein Backblech mit Backpapier belegen. Den Teig in einen Spritzbeutel mit mittlerer Sterntülle füllen und 3 cm große Kränze auf das Backpapier spritzen. Im Ofen auf der mittleren Schiene 10 bis 12 Minuten backen. Abkühlen lassen.

3 Den Nussnougat über dem Wasserbad leicht erwärmen und in einen selbst gefalteten Spritzbeutel aus Pergamentpapier füllen. Die Hälfte der Kränze umdrehen, mit Nougat einen Ring daraufspritzen und mit je einem weiteren Kranz zusammensetzen. Über Nacht fest werden lassen.

4 Die Pistazien halbieren. Die Kuvertüre temperieren (siehe S. 16), die zusammengesetzten Plätzchen zur Hälfte hineintauchen, auf ein Backpapier legen und mit je einer halben Pistazie dekorieren (die glatte Innenseite der Pistazie schaut dabei nach oben). Fest werden lassen.

MEIN TIPP

Ich lasse zusammengesetzte Plätzchen gerne über Nacht fest werden. Dann verrutschen sie beim Tauchen nicht.

NEROS SCHOKO-SPRITZGEBÄCK
mit Sauerkirschkonfitüre

Zubereitung: 90 Min. | Trockenzeit: über Nacht | Backzeit: 8–10 Min.

Zutaten für je ca. 50 Stück

Für den Spritzmürbeteig:
125 g zimmerwarme Butter
75 g Puderzucker
Salz
1 Msp. Vanillemark
1 Ei
1 Eigelb
110 g Mehl
25 g Kakaopulver

Für die Füllung:
200 g Sauerkirschkonfitüre
2 EL Kirschwasser

Außerdem:
200 g Zartbitterkuvertüre

Backblech • Backpapier
Spritzbeutel mit mittlerer Lochtülle

1 Für den Spritzmürbeteig die Butter mit dem Puderzucker, 1 Prise Salz und Vanillemark glatt rühren. Der Teig sollte nicht schaumig gerührt werden, da ansonsten die Plätzchen im Ofen zu sehr zerlaufen und die Porung zu groß ist. Das Ei und das Eigelb nacheinander dazugeben und jeweils kurz verrühren. Das Mehl mit dem Kakaopulver mischen und ebenfalls kurz unterrühren.

2 Den Backofen auf 190 °C Ober-/Unterhitze vorheizen. Ein Backblech mit Backpapier auslegen und den Teig in einen Spritzbeutel mit mittlerer Lochtülle füllen. Damit das Backpapier beim Aufspritzen nicht ständig verrutscht, die Ecken des Backpapiers mit je einem Klecks Teig an das Backblech kleben. Nun mit dem Spritzbeutel 2 bis 3 cm große, aber flache, bohnenförmige Plätzchen auf das Backpapier spritzen.

3 Im Ofen auf der mittleren Schiene 8 bis 10 Minuten backen. Die Plätzchen sind fertig, sobald sie sich mit den Fingern auf dem Backpapier verschieben lassen. Aus dem Backofen nehmen und mit dem Backpapier vom Blech ziehen. Abkühlen lassen.

4 Die Kirschkonfitüre und das Kirschwasser mit einem Stabmixer fein pürieren und je zwei Plätzchen damit zusammenkleben. Am besten über Nacht fest werden lassen.

5 Die Kuvertüre temperieren (siehe S. 16). Die Spitzen der Plätzchen hineintauchen. Auf einem Backpapier trocknen lassen.

ANISSTANGERL
mit Vanille

Zubereitung: 30 Min. | Trockenzeit: ca. 30 Min. | Backzeit: 10–12 Min.

Zutaten für ca. 70 Stück

100 g Ei
150 g Zucker
Salz
1 Msp. Vanillemark
etwas Bio-Zitronenabrieb
½ TL Anissamen
150 g Mehl
Öl und Mehl für das Blech

Backblech
Spritzbeutel mit mittlerer Lochtülle

1 Ei, Zucker, 1 Prise Salz, Vanillemark, Zitronenabrieb und Anis in einem Topf mischen und unter ständigem Rühren lauwarm erhitzen.

2 Die Mischung anschließend in eine Rührschüssel füllen und mit den Quirlen des Handrührgeräts kalt schlagen. Dann das Mehl darübersieben und mit wenigen Zügen unterheben.

3 Ein Backblech sehr dünn mit Öl bestreichen und leicht bemehlen. Mit einem Spritzbeutel mit mittlerer Lochtülle mit Abstand 2 bis 3 cm lange und etwa 1 cm breite Stangen auf das Blech spritzen. Damit die Anisstangen einen kleinen Fuß bekommen, sollten sie etwa 30 Minuten trocknen. Je nach Luftfeuchtigkeit kann das auch etwas länger dauern.

4 Den Backofen auf 190 °C Ober-/Unterhitze vorheizen. Die Stangerl im Ofen auf der mittleren Schiene 10 bis 12 Minuten backen. Sofort nach dem Backen vom Backblech lösen und auf einem Kuchengitter abkühlen lassen.

GESCHMACKSSACHE

Ich esse die Stangerl gerne frisch, dann sind sie schön knusprig. Wenn Sie die softere Variante lieber mögen, einfach die Stangerl 1 bis 2 Wochen in einer Plätzchendose ziehen lassen.

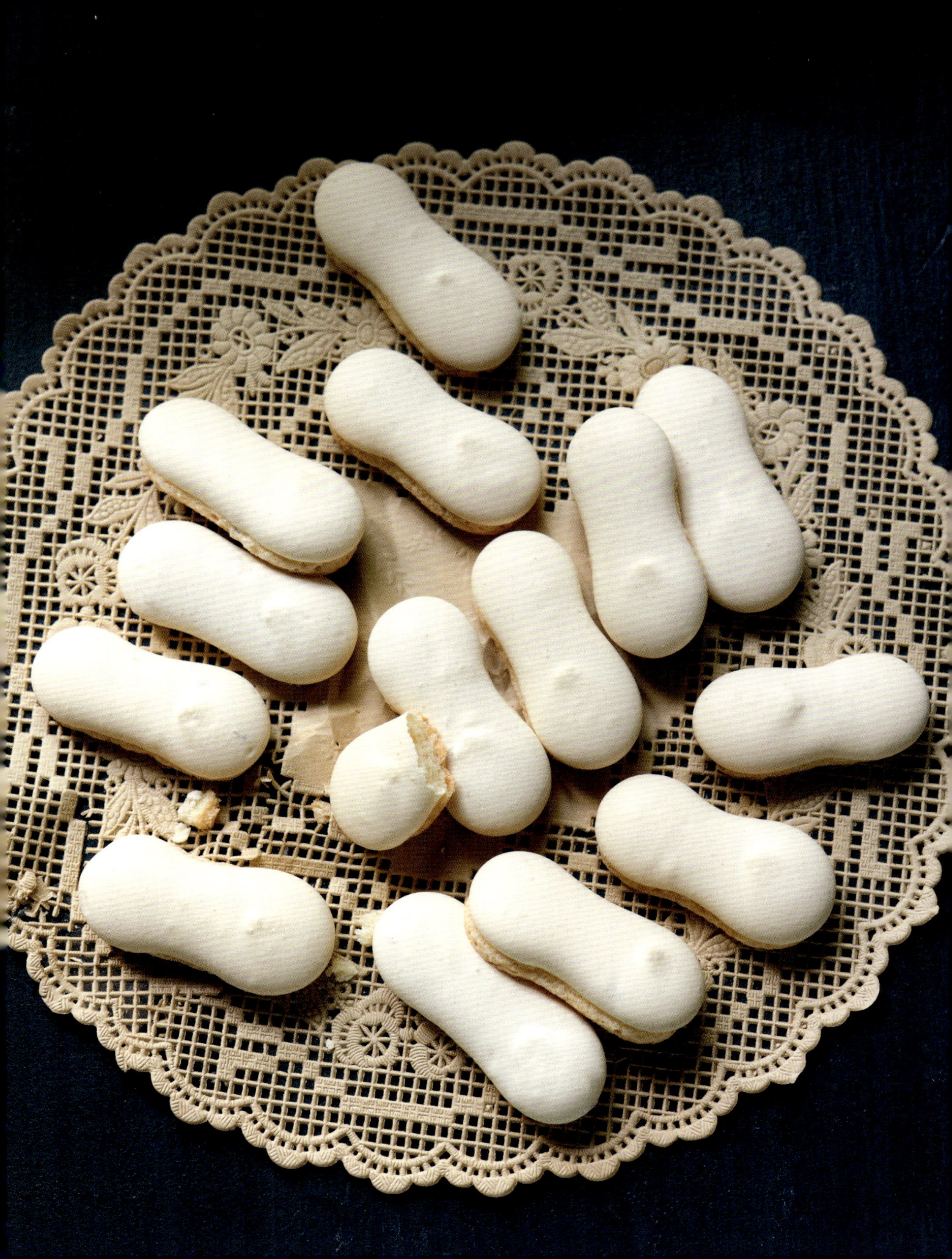

BIBERLE
Schweizer Marzipanplätzchen

Zubereitung: 90 Min. | Kühlzeit: mind. 60 Min. (besser über Nacht) + 60–120 Min. | Backzeit: 15–20 Min.

Zutaten für ca. 40 Stück

Für den Lebkuchenteig:
150 g Honig
75 g Zucker
30 g Butter • 1 Ei
½ TL Bio-Orangenabrieb
1 Msp. Vanillemark
Salz • 1 TL Kakaopulver
1 TL Lebkuchengewürz
220 g Mehl
1 TL Backpulver

Für die Füllung:
300 g Marzipanrohmasse
75 g Puderzucker
Abrieb von 1 Bio-Zitrone
Saft von ½ Zitrone
1 Msp. Vanillemark

Für die Glasur:
75 g Puderzucker
2–3 EL Zitronensaft

Backblech • Backpapier

1 Für den Lebkuchenteig Honig mit dem Zucker und der Butter in einem Topf so lange unter Rühren erhitzen, bis sich der Zucker aufgelöst hat. Vom Herd nehmen und etwas abkühlen lassen.

2 Das Ei trennen und das Eiweiß abgedeckt kühl stellen. Das Eigelb, den Orangenabrieb, das Vanillemark, 1 Prise Salz, das Kakaopulver und das Lebkuchengewürz unter die Honigmischung rühren.

3 Das Mehl mit dem Backpulver mischen. Über die Honigmasse sieben und alles rasch zu einem glatten Teig verkneten. Zu einem Rechteck formen, in Frischhaltefolie gewickelt mindestens 1 Stunde (besser über Nacht) kühl stellen.

4 Für die Füllung Marzipan in einer Schüssel zerkleinern, mit Puderzucker, Zitronensaft und -abrieb und Vanillemark verkneten.

5 Den Lebkuchenteig in vier Portionen teilen. Jede Portion auf der bemehlten Arbeitsfläche zu einem 8 x 24 cm großen Rechteck ausrollen. Die Teigränder mit dem Eiweiß bestreichen.

6 Die Marzipanfüllung ebenfalls vierteln. Auf der leicht mit Puderzucker bestäubten Arbeitsfläche jede Portion jeweils zu einer 24 cm langen Stange rollen. Jede Stange leicht mit kaltem Wasser bestreichen, auf ein Teigrechteck legen und fest in den Teig einrollen. Dann 1 bis 2 Stunden kühl stellen.

7 Den Backofen auf 160 °C Umluft vorheizen. Ein Backblech mit Backpapier belegen. Die Teigrollen in insgesamt 40 trapezförmige Stücke schneiden. Auf das Backblech legen und im Ofen auf der mittleren Schiene 15 bis 20 Minuten backen. Herausnehmen und abkühlen lassen.

8 Für die Glasur Puderzucker mit Zitronensaft glatt rühren. Die Biberle damit bestreichen und trocknen lassen.

BETHMÄNNCHEN & DATTEL-ANIS-MÄNNCHEN

Zubereitung: 45 Min. | Backzeit: 8–10 Min.

Zutaten für 30 bzw. 34 Stück

Bethmännchen

Für den Teig:
200 g Marzipanrohmasse
1 EL Agavensirup
1 TL Pfeilwurzelmehl (siehe S. 9)
1 TL Rosenwasser
2 Tropfen Bittermandelöl
70 g sehr fein gemahlene Mandeln (siehe Tipp unten)
1 Prise Salz
1 Msp. Bio-Orangenabrieb
1 Msp. Vanillemark

Außerdem:
ca. 150 g blanchierte Mandelhälften

Dattel-Anis-Männchen

Für den Teig:
Zutaten siehe oben, dazu:
3 Soft-Datteln (ohne Stein)
½ TL Anissamen

Außerdem:
150 g Nusshälften (z.B. Haselnüsse, Walnüsse, Cashewkerne, Pistazienkerne)
30 kandierte Fliederblütenblätter

Backblech • Backpapier

Bethmännchen

1 Den Backofen auf 180 °C Ober-/Unterhitze vorheizen. Ein Backblech mit Backpapier belegen. Für den Teig die Marzipanrohmasse mit den übrigen Zutaten rasch zu einem glatten Teig verkneten. Den Teig in zwei Hälften teilen und aus jeder Portion jeweils eine etwa 30 cm lange Stange rollen. Jede Stange in 2 cm große Stücke schneiden.

2 Die Teigstücke zwischen den Händen zu Kugeln formen und auf das Blech legen. Jeweils drei Mandelhälften so an eine Kugel drücken, dass die Mandelspitzen nach oben zeigen.

3 Die Bethmännchen im Ofen auf der mittleren Schiene 8 bis 10 Minuten backen. Abkühlen lassen.

Dattel-Anis-Männchen

1 Die Datteln sehr fein hacken. Mit den Anissamen und den übrigen Zutaten für den Teig rasch glatt verkneten. Den Teig wie oben beschrieben zu Stangen rollen (je etwa 34 cm lang). Jede Stange in 2 cm große Stücke schneiden und zu Kugeln formen.

2 Die Nusshälften und die kandierten Fliederblütenblätter an die Dattel-Anis-Kugeln drücken. Im auf 180 °C Ober-/Unterhitze vorgeheizten Ofen auf der mittleren Schiene 8 bis 10 Minuten backen. Abkühlen lassen.

✶ MANDELPUDER

Ich spreche bei sehr fein gemahlenen Mandeln auch von „Mandelpuder“. Dazu sieben Sie am besten die Mandeln nach dem Mahlen durch ein feines Sieb.

EISENBAHNER
mit Kardamom & Mispeln

Zubereitung: 90 Min. | Kühl-/Trockenzeit: mind. 60 Min. (besser über Nacht) + 1 Std. | Backzeit: 14–18 Min.

Zutaten für ca. 60 Stück

Für den Mürbeteig:
210 g Mehl
75 g Puderzucker
150 g wachsweiche Butter
1 Eigelb
Salz
1 Msp. Vanillemark
1 Msp. Bio-Zitronenabrieb

Für die Makronenmasse:
200 g Marzipanrohmasse
30 g Puderzucker
20 g zimmerwarme Butter
1 Eiweiß
1 Prise Salz
1 Msp. Vanillemark

Für die Füllung:
300 g Mispelkonfitüre (siehe S. 47)

Backblech • Backpapier
Spritzbeutel mit mittlerer Sterntülle und mittlerer Lochtülle

1 Für den Teig Mehl in eine Schüssel sieben und mit Puderzucker, Butter in Stücken, Eigelb, 1 Prise Salz, Vanillemark und Zitronenabrieb rasch zu einem glatten Teig kneten. Zu einem Rechteck formen, in Frischhaltefolie gewickelt mindestens 1 Stunde (besser über Nacht) kühl stellen. Den Backofen auf 180 °C Ober-/Unterhitze vorheizen. Ein Blech mit Backpapier belegen. Den Teig auf einer bemehlten Arbeitsfläche 4 mm dick ausrollen, in 4 cm breite Streifen schneiden. Auf das Blech legen, auf der mittleren Schiene 10 bis 12 Minuten backen. Abkühlen lassen.

2 Für die Makronenmasse die Marzipanrohmasse in kleine Stücke schneiden oder mit einer groben Raspel reiben. Mit den restlichen Zutaten zu einer glatten Masse verarbeiten. In einen Spritzbeutel mit mittlerer Sterntülle füllen und oben und unten der Länge nach einen geraden Streifen auf die Teigstreifen spritzen. Die Streifen etwa 1 Stunde antrocknen lassen. Den Backofen auf 200 °C Umluft vorheizen und die Stangen 4 bis 6 Minuten goldgelb backen. Achtung, das geht sehr schnell. Abkühlen lassen.

3 Für die Füllung Konfitüre erwärmen, glatt rühren und etwas abkühlen lassen. Mit einem Spritzbeutel mit mittlerer Lochtülle zwischen die Makronenstreifen füllen. Mehrere Stunden trocknen lassen. Die Streifen in 2 cm breite Stücke schneiden, dabei das Messer immer wieder mit einem feuchten Tuch säubern.

✸ BIRNENFÜLLUNG

Anstelle der Mispelkonfitüre 200 g gewürfeltes Fruchtfleisch von reifen Birnen mit 100 g Gelierzucker 2:1, 1 EL Zitronensaft, 1–2 Msp. Zitronensäure, 5 Kardamomkapseln und ½ Vanilleschote in einen Topf geben, durchrühren und bei mittlerer Hitze kochen. Die Gewürze entfernen und die Birnen mit einem Stabmixer pürieren. Zugedeckt abkühlen lassen.

Cherrydale Farms

ZIMTSTERNE & KAKAOSTERNE

Zubereitung: 90 Min. | Kühlzeit: über Nacht | Backzeit: 8–10 Min.

Zutaten für je ca. 70 Stück

Zimtsterne

Für den Teig:
3 Eiweiß
240 g Zucker
90 g Marzipanrohmasse
240 g gemahlene Mandeln + 50–100 g zum Nachgeben
½ TL Zimtpulver
25 g Zitronat (fein gehackt)
1 Prise Salz
1 Msp. Vanillemark
1 Msp. Bio-Zitronenabrieb

Für die Baisermasse:
2 Eiweiß
150 g Zucker
60 g Puderzucker

Kakaosterne

Für den Teig:
Zutaten siehe oben, dazu:
2 TL Kakaopulver

Für die Baisermasse:
Zutaten siehe oben, dazu:
3 TL Kakaopulver

Backblech • Backpapier
Sternausstecher (ca. 5 cm ø)

Zimtsterne

1 Für den Teig am Vortag die Eiweiße und den Zucker in einer Rührschüssel zu einem cremigen Schnee schlagen. Die Marzipanrohmasse reiben und mit den Mandeln unter den Eischnee ziehen. Die übrigen Zutaten unterrühren. Die Schüssel mit Frischhaltefolie abdecken und den Teig über Nacht kühl stellen.

2 Am nächsten Tag für die Baisermasse die Eiweiße mit zwei Dritteln des Zuckers zu steifem Schnee schlagen. Dann den restlichen Zucker mit dem Puderzucker mischen und unter den Eischnee heben. Den Backofen auf 190 °C Ober-/Unterhitze vorheizen und ein Backblech mit Backpapier belegen.

3 Ein Drittel des Teigs zwischen Frischhaltefolie 1 cm dick ausrollen. Obere Folie entfernen. Teig dünn mit Baiser bestreichen. Sterne ausstechen und auf das Blech setzen. Den Ausstecher immer wieder in heißes Wasser tauchen und trocken tupfen.

4 Die Teigreste vom Ausstechen mit frischem Teig vermischen (ist er zu weich, noch gemahlene Mandeln unterkneten), erneut ausrollen, mit Baisermasse bestreichen und weitere Sterne ausstechen. Wiederholen, bis der Teig aufgebraucht ist. Die Zimtsterne im Ofen auf der untersten Schiene 8 bis 10 Minuten backen (die Oberfläche soll nicht bräunen). Abkühlen lassen.

Kakaosterne

Für den Teig alle Zutaten mit dem Kakaopulver zu einem Teig verrühren und abgedeckt über Nacht kühl stellen. Am nächsten Tag für die Baisermasse die Eiweiße mit zwei Dritteln des Zuckers zu steifem Schnee schlagen, den restlichen Zucker mit dem Puderzucker und dem Kakaopulver mischen und unter den Eischnee heben. Die Plätzchen wie oben beschrieben fertigstellen. Nach Geschmack mit etwas Kakaopulver bestreuen.

WALNUSSECKEN
mit Karamell

Zubereitung: 120 Min. | Kühlzeit: mind. 60 Min. (besser über Nacht) + 60–120 Min. | Backzeit: 30 Min.

Zutaten für ca. 70 Stück

Für den Mürbeteig:
210 g Mehl
75 g Puderzucker
150 g wachsweiche Butter
1 Eigelb
Salz
1 Msp. Vanillemark
1 Msp. Bio-Zitronenabrieb

Für den Karamell:
230 g Zucker
40 g Butter
80 g Sahne
1 Msp. Vanillemark

Für die Nussfüllung:
150 g zimmerwarme Butter
150 g Zucker
1 Msp. Vanillemark
Salz
100 g gemahlene Walnüsse
200 g gehobelte Haselnüsse
½ TL Zimtpulver

Außerdem:
3 EL Aprikosenkonfitüre
200 g Zartbitterkuvertüre
Butter und Mehl für das Blech

Backblech (40 × 30 cm)
Backpapier

1 Für den Teig Mehl in eine Schüssel sieben, mit Puderzucker, der Butter in Stücken, Eigelb, 1 Prise Salz, Vanillemark und Zitronenabrieb rasch zu einem glatten Teig kneten. In Frischhaltefolie gewickelt mindestens 1 Stunde (besser über Nacht) kühl stellen.

2 Den Backofen auf 180 °C Ober-/Unterhitze vorheizen. Das Backblech einfetten und bemehlen. Den Mürbeteig auf einer bemehlten Arbeitsfläche auf Blechgröße ausrollen, auf das Blech legen. Im Ofen auf der mittleren Schiene 10 Minuten backen. Etwas abkühlen lassen.

3 Für den Karamell in einem Topf den Zucker mit 6 EL Wasser bei schwacher Hitze unter Rühren schmelzen. Dann bei starker Hitze so lange weiterkochen, bis er eine helle, goldgelbe Farbe bekommt. Die Butter in Würfeln dazugeben, die Sahne und das Vanillemark unterrühren. Sobald sich die Zutaten verbunden haben, vom Herd nehmen und etwas abkühlen lassen. Dann den gebackenen Mürbeteig damit bestreichen.

4 Für die Nussfüllung die Butter mit dem Zucker, dem Vanillemark, 1 Prise Salz und 3 EL Wasser in einem Topf unter ständigem Rühren zerlassen. Die Walnüsse und die Haselnüsse dazugeben und zusammen mit dem Zimt unterrühren. Etwas abkühlen lassen. Den Ofen auf 160 °C Ober-/Unterhitze stellen.

5 Die Nussmasse auf dem Mürbeteig verteilen, glatt streichen und im Ofen auf der mittleren Schiene etwa 20 Minuten backen. Sofort mit heißer Aprikosenkonfitüre bestreichen. Abkühlen lassen.

6 Das Gebäck in 5 × 5 cm große Quadrate schneiden und diese diagonal halbieren. Die Kuvertüre hacken und temperieren (siehe S. 16). Die Dreiecke mit je einer Spitze in die Kuvertüre tauchen, auf ein Backpapier legen und fest werden lassen.

MAKRONEN & LEBKUCHEN

Aromatische Leckerbissen mit duftenden Gewürzen, Baiser, Nüssen und Honig

MARZIPANMAKRONEN *mit Füllung*

Zubereitung: 30 Min. | Abkühlzeit: 60 Min. | Backzeit: 10–12 Min.

Zutaten für 35 Stück

Für die Makronenmasse:
30 g Eiweiß
80 g Zucker
100 g Marzipanrohmasse
1 Prise Salz
1 Msp. Vanillemark
1 Msp. Zimtpulver

Zum Bestreuen:
etwas gehobelte Mandeln

Für die Füllung:
100 g Zartbitterkuvertüre
50 g Sahne
50 g Biskin (festes Pflanzenfett)
25 g flüssiger Fondant (siehe S. 15)
15 cl Rum

Backblech • Backpapier
Spritzbeutel mit mittlerer Lochtülle und kleiner Sterntülle

1 Für die Makronenmasse alle Zutaten in einem Topf zu einer glatten Masse verrühren. Anschließend unter ständigem Rühren abrösten, das bedeutet, auf etwa 70 °C erwärmen. Sobald die Masse sich vom Topfrand löst, ist sie richtig abgeröstet. Anschließend abgedeckt etwa 1 Stunde abkühlen lassen.

2 Den Backofen auf 190 °C Ober-/Unterhitze vorheizen. Ein Backblech mit Backpapier belegen. Mit einem Spritzbeutel mit mittlerer Lochtülle mit Abstand 2 cm große Tupfen auf das Backpapier spritzen. Mit gehobelten Mandeln bestreuen. Im Ofen auf der mittleren Schiene 10 bis 12 Minuten backen. Abkühlen lassen (siehe Tipp unten)

3 Für die Füllung die Kuvertüre hacken und in eine Schüssel füllen. Die Sahne aufkochen, über die Kuvertüre gießen und verrühren, bis die Kuvertüre geschmolzen ist. Abkühlen lassen.

4 Biskin, Fondant und Rum schaumig rühren, anschließend die Sahne-Kuvertüre-Mischung unterrühren.

5 Mit einem Spritzbeutel mit kleiner Sterntülle die Marzipanmakronen füllen und immer zwei Makronen zusammenkleben.

★ FESTLICHER GLANZ

Sobald die Marzipanmakronen aus dem Ofen kommen, mit einem sauberen Geschirrtuch abdecken und das Tuch sogleich vorsichtig nach unten wegziehen. Dadurch bekommen sie einen noch schöneren Glanz. Die Makronen schmecken auch ohne Füllung.

HASELNUSSMAKRONEN *mit Marzipan*

Zubereitung: 30 Min. | Abkühlzeit: 30 Min. | Backzeit: 10–12 Min.

Zutaten für 50 Stück

Für die Makronenmasse:
140 g Zucker
60 g Eiweiß
20 g Marzipanrohmasse
75 g gemahlene Haselnüsse
7 g Sahnesteif
1 Prise Salz
1 Msp. Vanillemark
1 Msp. Zimtpulver

Zum Bestreuen:
100 g gehackte Haselnüsse oder ca. 50 Haselnusskerne

Backblech • Backpapier
Spritzbeutel mit mittlerer Lochtülle

1 Für die Makronenmasse den Zucker, das Eiweiß und die Marzipanrohmasse in einem Topf vermischen und unter ständigem Rühren auf etwa 40 °C erhitzen. Die Masse soll handwarm sein.

2 Die Masse vom Herd nehmen, in eine Schüssel füllen und die restlichen Zutaten dazugeben. Sie fragen sich vielleicht, warum Sahnesteif mit in die Masse kommt: Dieses bindet die Flüssigkeit und sorgt so für eine optimale Konsistenz. Alternativ können Sie auch etwas Saftbinder verwenden. Alles zu einer glatten Masse verrühren und abgedeckt etwa 30 Minuten abkühlen lassen.

3 Den Backofen auf 190 °C Ober-/Unterhitze vorheizen. Ein Backblech mit Backpapier auslegen. Mit einem Spritzbeutel mit mittlerer Lochtülle mit etwas Abstand 1 bis 2 cm große Tupfen auf das Backpapier spritzen.

4 Die Makronen mit den gehackten Haselnüssen bestreuen (alternativ einzelne Haselnüsse in die Mite drücken). Im Ofen auf der mittleren Schiene 10 bis 12 Minuten backen. Abkühlen lassen.

NOCH MEHR AROMA

Für ein noch intensiveres Nussaroma können Sie die gemahlenen Haselnüsse für den Teig vorab in einer Pfanne leicht rösten.

KOKOSHAUBEN & MOHNHAUBEN

Zubereitung: 90 Min. | Kühlzeit: mind. 60 Min. (besser über Nacht) | Backzeit: ca. 25 Min.

Zutaten für je ca. 40 Stück

Kokoshauben

Für den Mürbeteig:
150 g Mehl • 100 g wachsweiche Butter • 50 g Puderzucker
1 Prise Salz
1 Msp. Bio-Zitronenabrieb
1 Msp. Vanillemark • 1 Eigelb

Für die Füllung:
½ TL Honig • 100 g Kokosraspel
2 Eiweiß
80 g Zucker • Salz
20 g gemahlene Mandeln
1 Msp. Vanillemark
etwas Bio-Orangenabrieb

Für die Schokocreme:
100 g wachsweiche Butter
2 EL Kakaopulver oder geschmolzene dunkle Kuvertüre
1 EL Orangenlikör (z. B. Grand Marnier)
50 g Puderzucker • Salz
1 Msp. Vanillemark

Außerdem:
40 Oblaten (3,5–4 cm ø)
250 g dunkle Kuvertüre
Kokoschips (optional)

Backblech • Backpapier
runder Ausstecher (ca. 3,5 cm ø)
je 1 Spritzbeutel mit kleiner und mittlerer Lochtülle

Kokoshauben

1 Für den Mürbeteig Mehl auf die Arbeitsfläche sieben und mit den übrigen Zutaten rasch zu einem glatten Teig verkneten. Den Teig zu einem Rechteck formen, in Frischhaltefolie gewickelt mindestens 1 Stunde (besser über Nacht) kühl stellen.

2 Den Backofen auf 170 °C Ober-/Unterhitze vorheizen. Den Teig auf der bemehlten Arbeitsfläche etwa 3 mm dick ausrollen und mit einem runden Ausstecher etwa 40 Kreise ausstechen. Mit etwas Abstand auf ein mit Backpapier belegtes Blech legen und im Ofen auf der mittleren Schiene 8 bis 10 Minuten backen.

3 Für die Füllung Honig in einem Topf erhitzen und die Kokosraspel darin goldbraun anrösten. Abkühlen lassen. Eiweiße, Zucker und 1 Prise Salz sehr steif schlagen. Die Kokosraspel, die Mandeln, Vanillemark und Orangenabrieb unterheben. Kurz ziehen lassen. Den Backofen auf 130 °C Ober-/Unterhitze vorheizen. Die Masse mithilfe eines Spritzbeutels mit kleiner Lochtülle in walnussgroßen Häufchen auf die Oblaten setzen. Im Ofen auf der mittleren Schiene 15 bis 18 Minuten backen. Abkühlen lassen.

4 Für die Schokocreme alle Zutaten schaumig rühren. Portionsweise in einen Spritzbeutel mit mittlerer Lochtülle füllen und auf die abgekühlten Mürbeteigplätzchen spritzen. Die Kokoshauben aufsetzen. Kurz fest werden lassen und die untere Hälfte in die geschmolzene, temperierte Kuvertüre tauchen (siehe S. 16 und 17). Nach Wunsch mit Kokoschips verzieren.

Mohnhauben

Ersetzen Sie bei der Füllung die Mandeln durch die gleiche Menge gemahlenen Mohn und den Orangen- durch Zitronenabrieb. Für die Creme statt Kakaopulver 2 EL Instant-Kaffeepulver und statt Orangenlikör Rum nehmen. Die Zubereitung bleibt gleich. Nach Wunsch mit Kaffeebohnen verzieren.

KOKOSBUSSERL & KOKOS-PHYSALIS-NOCKERL

Zubereitung: 45 Min. | Abkühlzeit: 30 Min. | Backzeit: 10–12 Min.

Zutaten für je ca. 40 Stück

Kokosbusserl

Für die Kokosmasse:
3 Eiweiß
150 g Zucker
140 g Kokosraspel
3 EL Pfeilwurzelmehl (siehe S. 9)
1 Msp. Vanillemark
Salz
1 Msp. Bio-Zitronenabrieb
3 EL Mascarpone

Außerdem:
ca. 40 Oblaten (3 cm ø)

Kokos-Physalis-Nockerl

Zutaten siehe oben, dazu:
30 g getrocknete Physalis, (klein gehackt)

Backblech • Backpapier
Spritzbeutel mit großer Sterntülle

Kokosbusserl

1 Für die Kokosmasse die Eiweiße und den Zucker in einem kleinen Topf mischen und unter Rühren bei schwacher Hitze lauwarm erhitzen.

2 Die Kokosraspel mit dem Pfeilwurzelmehl mischen und mit Vanillemark, 1 Prise Salz und Zitronenabrieb unter die Eiweiß-Zucker-Masse rühren. So lange weiterrühren und rösten, bis sich die Masse vom Topfboden löst. Den Topf vom Herd nehmen, Mascarpone unterrühren und die Masse etwa 30 Minuten etwas abkühlen lassen.

3 Den Backofen auf 190 °C Ober-/Unterhitze vorheizen. Ein Backblech mit Backpapier belegen und die Oblaten darauf verteilen. Die Kokosmasse in einen Spritzbeutel mit großer Sterntülle füllen und etwa walnussgroße Tupfen auf die Oblaten spritzen.

4 Die Kokosbusserl im Ofen auf der mittleren Schiene 10 bis 12 Minuten backen. Abkühlen lassen.

Kokos-Physalis-Nockerl

1 Die Kokosmasse wie oben beschrieben herstellen, dabei zuletzt die getrockneten Physalis unterziehen.

2 Den Backofen auf 190 °C Ober-/Unterhitze vorheizen. Ein Backblech mit Backpapier belegen und die Oblaten darauf verteilen. Mit zwei Teelöffeln von der Masse walnussgroße Nockerl abstechen und auf die Oblaten setzen. Kokos-Physalis-Nockerl im Ofen auf der mittleren Schiene 10 bis 12 Minuten backen. Abkühlen lassen.

SCHNEEFLOCKEN-MACARONS
mit Baileys & Erdbeeren

Zubereitung: 30 Min. | Trocken-/Abkühlzeit: 50–80 Min. | Backzeit: 12–14 Min.

Zutaten für ca. 70 Stück

Für die Macaronmasse:
125 g sehr fein gemahlene, gesiebte Mandeln (Mandelpuder, siehe Tipp S. 86)
125 g Puderzucker
90 g Eiweiß
125 g Zucker

Zum Bestreuen:
2–3 EL Kokosraspel

Für die Baileys-Füllung:
100 g Mascarpone
20 g Puderzucker
3 EL Baileys
100 g Sahne
1 Pck. Sahnesteif
4–5 Erdbeeren

Backblech • Backpapier
Spritzbeutel mit mittlerer Lochtülle und kleiner Sterntülle

1 Für die Macaronmasse Mandeln und Puderzucker in einer Schüssel mischen und 45 g Eiweiß ungeschlagen unterrühren. 30 ml Wasser mit 30 g Zucker in einem Topf aufkochen, bis sich der Zucker vollständig aufgelöst hat. Sobald die Mischung eine Temperatur von 119 °C erreicht hat, den Topf vom Herd nehmen.

2 Die restlichen 45 g Eiweiß mit dem restlichen 95 g Zucker sehr steif schlagen, bis der Eischnee fast hart erscheint und schnittfest ist. Das Zuckerwasser in einem dünnen Strahl unter ständigem Rühren einlaufen lassen. Die Masse sollte weiterhin steif und glänzend sein. Mit einem Teigschaber den Eischnee vorsichtig unter die Mandelmasse mischen, bis eine homogene, leicht fließende Masse entsteht.

3 Die Masse mithilfe eines Spritzbeutels mit mittlerer Lochtülle mit etwas Abstand 2 bis 2,5 cm große Kreise auf ein mit Backpapier belegtes Backblech spritzen. Für gleichmäßige Macarons vorab Kreise auf das Backpapier zeichnen. Mit Kokosraspeln bestreuen.

4 Die Macarons nun je nach Wetterlage 30 bis 60 Minuten trocknen lassen. Sie sind fertig getrocknet, wenn sich auf der Oberfläche eine leichte Haut gebildet hat und die anfangs glänzende Oberfläche matter wird. Wenn man sie berührt, verformen sie sich kaum und kleben nicht mehr. Die Macarons im vorgeheizten Ofen bei 125 bis 130 °C Umluft 12 bis 14 Minuten backen. Nach dem Backen mindestens 20 Minuten abkühlen lassen.

5 Für die Füllung Mascarpone, Puderzucker und Baileys verrühren. Sahne mit Sahnesteif steif schlagen und unter die Mascarponemasse rühren. In einen Spritzbeutel mit kleinerer Sterntülle füllen und auf die Hälfte der umgedrehten Macarons einen Ring spritzen. Die Erdbeeren klein schneiden und jeweils ein Stück in die Mitte legen. Die Macarons zusammensetzen und kühlen. Lecker schmecken sie auch mit Himbeeren.

BUNTE MACARONS

In Schritt 1 Lebensmittelfarbe dazugeben. Ich verwende am liebsten Pulver oder cremige Farbe, die beeinflusst die Konsistenz der Masse nicht zu sehr.

AMARETTINI-ZAUBERBÄUMCHEN
dreimal anders

Zubereitung: 30 Min. | Backzeit: 50–60 Min.

Zutaten für ca. 39 Stück

Für den Teig:
4 Eiweiß
Salz
130 g sehr fein gemahlene Mandeln (Mandelpuder, siehe Tipp S. 86)
70 g gemahlene blanchierte Mandeln
220 g Puderzucker
1 EL Mehl
1 EL Maisstärke
½ Fläschchen Bittermandelöl
1 Msp. Bio-Zitronenabrieb
1 Msp. Vanillemark
1 TL Acaipulver (aus dem Bioladen)
2 EL Rum-Rosinen
1 TL Matchateepulver (aus dem Bioladen)

Außerdem:
Puderzucker zum Bestäuben

Backblech • Backpapier

1 Für den Teig die Eiweiße mit 1 Prise Salz in einer Schüssel mit dem Schneebesen verrühren. Nach und nach die sehr fein gemahlenen Mandeln und die gemahlenen blanchierten Mandeln dazugeben und unterrühren.

2 Den Puderzucker, das Mehl und die Maisstärke gut mischen. Das Bittermandelöl, den Zitronenabrieb und das Vanillemark hinzufügen und alles mit dem Mandel-Eischnee gut mit den Händen verkneten.

3 Die Teigmasse in drei gleich große Portionen teilen. Eine Portion mit dem Acaipulver, eine weitere mit den Rum-Rosinen und die dritte Portion mit dem Matchateepulver mischen.

4 Den Backofen auf 100 °C Umluft vorheizen. Ein Backblech mit Backpapier belegen. Aus den drei Teigmassen mit angefeuchteten Händen jeweils 13 Kegel (à etwa 15 g) rollen und auf das Backblech setzen. Leicht mit Puderzucker bestäuben.

5 Die Amarettini-Bäumchen im Ofen auf der mittleren Schiene 50 bis 60 Minuten trocknen. Herausnehmen und auf einem Kuchengitter abkühlen lassen.

✦ ZUM VERSCHENKEN

Eine leere Pralinen- oder Konfektschachtel mit schönem Papier beziehen. Die Bäumchen in Pralinenförmchen setzen und in der Schachtel anordnen.

HONIGKUCHEN
mit Spritzglasur

Zubereitung: 90 Min. | Ruhezeit: über Nacht | Backzeit: 10–15 Min.

Zutaten für ca. 50 Stück

Für den Honigkuchenteig:
250 g Honig
120 g Zucker
80 g Butter
2 Eier
Abrieb von ½ Bio-Zitrone
1½ EL Lebkuchengewürz
500 g Roggenmehl
2 TL Natron
1 Prise Salz
1 Msp. Vanillemark

Für die Spritzglasur:
200 g Puderzucker + etwas mehr zum Nachgeben
30 g frisches Eiweiß (= 1 Eiweiß)

Außerdem:
etwas Milch zum Bestreichen
Zuckerperlen, -herzen und -sterne (optional)

Backblech • Backpapier
Ausstecher nach Wunsch
Papier-Spritzbeutel (siehe S. 11)

1 Am Vortag für den Honigkuchenteig den Honig, den Zucker und die Butter in einen Topf geben und langsam unter Rühren erwärmen, bis sich der Zucker aufgelöst hat. Dann die Masse wieder etwas abkühlen lassen. Die restlichen Zutaten dazugeben und gut untermischen.

2 Den Teig luftdicht in Frischhaltefolie gewickelt über Nacht bei Raumtemperatur ruhen lassen.

3 Am nächsten Tag den Ofen auf 180 °C Ober-/Unterhitze vorheizen und ein Backblech mit Backpapier belegen. Den Teig nochmals mit den Händen kurz durchkneten und auf der bemehlten Arbeitsfläche ½ cm dick ausrollen. Aus dem ausgerollten Lebkuchenteig verschiedene Figuren ausstechen. Die Honigkuchen auf das Blech legen. Im Ofen auf der mittleren Schiene 10 bis 15 Minuten backen. Abkühlen lassen.

4 Für die Spritzglasur (siehe S. 19) den Puderzucker sieben und mit dem Eiweiß verrühren. Die Glasur muss so fest sein, dass sie nicht mehr verläuft, aber noch spritzfähig ist. Bei Bedarf noch mehr Puderzucker dazugeben.

5 Die Zuckerglasur in einen selbst gefalteten Spritzbeutel aus Pergamentpapier füllen. Die Honigkuchenteilchen nach Wunsch verzieren und mit Zuckerperlen, -herzen und -sternen dekorieren. Trocknen lassen.

✷ EXTRAWEISSE GLASUR

Ich mache die Spritzglasur gerne mit der Rührmaschine. Dann wird sie noch ein bisschen weißer, finde ich.

LEBKUCHENHAUS

Zutaten

Für den Honigkuchenteig:
650 g Honig
250 g Zucker
200 g Butter
10 g Hirschhornsalz
7–8 EL Milch
4 g Pottasche
2 Eier
Abrieb von ½ Bio-Zitrone
2 EL Kakaopulver
2 Pck. Lebkuchengewürz
1 kg Mehl

Für die Spritzglasur:
300 g Puderzucker + etwas mehr zum Nachgeben
2 Eiweiß
1 TL Zitronensaft

Außerdem:
etwas Milch zum Bestreichen
halbierte, blanchierte Mandeln
leckere Süßigkeiten
Watte für den Schornstein
Puderzucker zum Bestäuben

Backblech • Backpapier
Spritzbeutel mit mittlerer Lochtülle

Zubereitungszeit:

Teig herstellen: 30 Min.
Kühlzeit: über Nacht
Ausschneiden und backen: 60 Min.
Aufstellen und verzieren: 60 Min.
Insgesamt: 2 ½ Std.

So geht's

1 Am Vortag für den Honigkuchenteig den Honig, den Zucker und die Butter in einen Topf geben und langsam unter Rühren erwärmen, bis sich der Zucker aufgelöst hat. Dann die Masse wieder etwas abkühlen lassen. Das Hirschhornsalz mit 3 bis 4 EL Milch in einer Tasse verrühren. Auch die Pottasche in einer anderen Tasse mit 2 EL Milch auflösen.

2 Die Eier, den Zitronenabrieb, das Kakaopulver und das Lebkuchengewürz zur Honigmasse

geben und unterrühren. Danach das Mehl dazugeben und zu einem glatten Teig kneten. Der Teig ist sehr weich und muss eventuell mit den Händen geknetet werden. Erst das Hirschhornsalz, dann die Pottasche unterkneten. Den Teig in Frischhaltefolie gewickelt über Nacht kühl stellen.

3 Am nächsten Tag den Teig noch mal kurz von Hand durchkneten und auf der bemehlten Arbeitsfläche ½ cm dick ausrollen. Eine Bodenplatte, zwei Rechtecke und zwei Dreiecke ausschneiden. Die langen Seiten der Dreiecke sollten so lang sein wie die Längen der Rechtecke. Bei einem Dreieck ein rechteckiges Fenster, eine Türe und ein rundes Fenster ausschneiden (die ausgeschnittenen Stücke werden auch gebacken). Die Teigstücke auf ein mit Backpapier belegtes Backblech legen und dünn mit etwas Milch bestreichen. Im vorgeheizten Backofen bei 180 °C Ober-/Unterhitze auf der mittleren Schiene 15 bis 20 Minuten backen. Falls die Löcher für die Türe und die Fenster beim Backen zu klein werden, noch mal mit einem Messer im warmen Zustand nachschneiden. Abkühlen lassen.

4 Aus den Teigresten einen breiten Streifen für den Schornstein und dünne, ½ cm breite Streifen für den Zaun ausschneiden. Die Teile auf ein mit Backpapier belegtes Backblech legen und ebenfalls dünn mit Milch bestreichen. Im Ofen auf der mittleren Schiene 5 bis 10 Minuten backen. Abkühlen lassen.

5 Für die Spritzglasur (siehe S. 19) den Puderzucker sieben und mit dem Eiweiß und dem Zitronensaft verrühren. Der Guss muss so fest sein, dass er nicht mehr verläuft. Bei Bedarf noch mehr Puderzucker dazugeben. Siehe dazu auch Tipp auf S. 108.

6 Den Zuckerguss in einen Spritzbeutel mit mittlerer Lochtülle füllen. Die abgekühlten Bauteile mit dem Zuckerguss zusammensetzen. Dafür zuerst die Vorderseite (Dreieck mit Fenster und Tür) mit etwas Guss auf der Bodenplatte befestigen. Dann eine Dachseite so ankleben, dass sie am Boden und bis zur Spitze aufliegt. An der Vorderseite sollte das Dach 3 bis 4 cm überstehen. Als Nächstes die Rückseite mit einem 2 cm großen Dachüberstand einsetzen und die zweite Dachseite mit Zuckerguss fixieren.

7 Für den Schornstein den dickeren Honigkuchenstreifen schräg halbieren und die beiden Stücke zusammenkleben. Sobald der Guss etwas fest geworden ist, den Schornstein auf der Dachschräge festkleben. Damit er nicht abrutscht, mit Zahnstochern fixieren. Diese wieder wegnehmen, wenn er fest ist. Für den Zaun aus den dünnen Teigstreifen zwei lange und mehrere kurze Stücken schneiden, einen Lattenzaun zusammensetzen und fest werden lassen. Falls noch Streifen übrig sind, können diese in 2 cm große Stücke gebrochen und als Holzhaufen dekoriert werden. Die Türe und die Fensterläden ankleben. Sobald der Zaun fest ist, auch ankleben.

8 Nun das Hexenhaus nach Wunsch mit süßen Leckereien und Mandeln üppig bekleben. Für die Eiszapfen am Dachüberstand mit dem Spritzbeutel kleine Zapfen anbringen, am besten unten beginnen, so macht man die Eiszapfen nicht wieder kaputt. Auch den First, den Zaun und den Holzhaufen mit Zuckerguss verzieren und auf dem Schornstein ein Stück Watte als Rauch anbringen. Zum Schluss das Hexenhaus mit Puderzucker bestäuben.

POWIDL-TRÄNEN & KIRSCH-LEBKUCHENSTANGEN

Zubereitung: 120 Min. | Kühlzeit: über Nacht | Backzeit: 8–10 Min. | Trockenzeit: über Nacht

Zutaten für je ca. 40–50 Stück

Powidl-Tränen

Für den Honigkuchenteig:
110 g Honig • 40 g Zucker
35 g Butter • 1 Eigelb
1 Msp. Bio-Zitronenabrieb
1 TL Kakaopulver
½ TL Lebkuchengewürz
170 g Mehl • ½ TL Backpulver
2–3 EL Milch zum Bestreichen

Für die Marzipanfüllung:
200 g Marzipanrohmasse
50 g wachsweiche Butter
4–5 EL Zwetschgenwasser (40 %)
½ TL Zimtpulver • 1 Msp. Vanillemark

Außerdem:
200 g Zwetschgenkonfitüre
400 g Vollmilchkuvertüre
50 g dunkle Kuvertüre • goldene Zuckerperlen • kandierte Minzeblätter

Kirsch-Lebkuchenstangen

Für Teig und Marzipanfüllung:
Zutaten siehe oben, statt Zwetschgen- Kirschwasser

Außerdem:
siehe Zutaten oben, satt Zwetschgen- Kirschkonfitüre

Backblech • Backpapier
ovaler Tränenausstecher (5 × 3 cm)
Spritzbeutel mit mittlerer Lochtülle

Powidl-Tränen

1 Für den Teig den Honig, den Zucker und die Butter in einem Topf unter langsamem Rühren erwärmen, bis sich der Zucker aufgelöst hat. Etwas abkühlen lassen. In einer Schüssel mit Eigelb, Zitronenabrieb, Kakaopulver und Lebkuchengewürz verrühren.

2 Das Mehl und das Backpulver mischen, über die Honigmasse sieben und zu einem glatten Teig verkneten. In Frischhaltefolie gewickelt über Nacht kühl stellen.

3 Den Backofen auf 190 °C Ober-/Unterhitze vorheizen. Ein Backblech mit Backpapier belegen. Den Teig 2 bis 3 mm dick ausrollen und mit einem ovalen Ausstecher Tränenformen ausstechen. Auf das Backblech legen und dünn mit der Milch bestreichen. Auf der mittleren Schiene 8 bis 10 Minuten backen. Abkühlen lassen.

4 Für die Füllung alle Zutaten verkneten. Die Masse in einen Spritzbeutel mit mittlerer Lochtülle füllen und am Rand der Plätzchen entlang aufspritzen. Die Mitte mit glatt gerührter Zwetschgenkonfitüre füllen. Über Nacht trocknen lassen.

5 Die Plätzchen am nächsten Tag mit temperierter Vollmilchkuvertüre (siehe S. 16) überziehen und mit dunkler Kuvertüre filieren (siehe S. 18). Die Zuckerperlen und die kandierten Minzeblätter in die feuchte Schokolade setzen.

Kirsch-Lebkuchenstangen

Den Teig wie im Rezept oben beschrieben zubereiten. Dann 2 bis 3 mm dick ausrollen, in 2,5 × 7 cm große Stangen schneiden und backen. Die Marzipanmasse am Rand entlang aufspritzen und die Mitte jeweils mit passierter Kirschkonfitüre füllen. Über Nacht trocknen lassen. Am nächsten Tag mit temperierter dunkler Kuvertüre (siehe S. 16) überziehen und mit Vollmilchkuvertüre filieren (siehe S. 18). Mit den Zuckerperlen und der Minze dekorieren.

SCHWEDISCHE PFEFFERKUCHEN
mit Karamellsirup

Zubereitung: 30 Min. | Kühlzeit: über Nacht | Backzeit: 5–8 Min.

Zutaten für ca. 60 Stück

Für den Teig:
120 g Kandisfarin
7 EL Karamellsirup
75 g Butter
Salz
1 TL Zimtpulver
1 TL Ingwerpulver
½ TL Pimentpulver
1 Msp. Kardamompulver
½ TL Gewürznelkenpulver
1 Msp. Vanillemark
etwas Bio-Zitronenabrieb
220 g Mehl
1 TL Backpulver

Backblech • Backpapier
Ausstecher in Pferde-, Elch-, Herz- und Sternformen

1 Am Vortag für den Teig den Kandisfarin und den Karamellsirup mit 7 EL Wasser in einem Topf bei schwacher Hitze unter ständigem Rühren mit dem Kochlöffel aufkochen, bis sich der Zucker aufgelöst hat. Vom Herd nehmen. Die Butter in Würfeln dazugeben und unter Rühren schmelzen. 1 Prise Salz und die übrigen Gewürze untermischen und alles gut verrühren.

2 Das Mehl mit dem Backpulver vermischen und in eine Schüssel sieben. Die flüssige Gewürzmasse mit einem Kochlöffel so lange unterrühren, bis eine glatte Masse entstanden ist.

3 Die Masse auf ein großes Stück Frischhaltefolie gießen, fest einwickeln und über Nacht kühl stellen.

4 Am nächsten Tag den Backofen auf 200 °C Ober-/Unterhitze vorheizen. Ein Backblech mit Backpapier belegen. Den Teig in Portionen teilen und auf der großzügig (!) bemehlten Arbeitsfläche 2,5 mm dünn ausrollen. Mit Ausstechern Pfefferkuchen ausstechen. Auf das Blech legen und im Ofen auf der mittleren Schiene 5 bis 8 Minuten backen. Dabei nicht aus den Augen lassen, denn die Pfefferkuchen werden sehr schnell braun.

✶ Süße Schwedenhappen

Elch und Pferdchen sind typisch schwedische Formen. Als Geschenk finden sie in kleinen Ställchen aus Packpapier Platz. Anleitungen finden Sie im Internet.

ELISENLEBKUCHEN
mit zweierlei Glasur

Zubereitung: 90 Min. | Trockenzeit: 5–6 Std. | Backzeit: 10–15 Min.

Zutaten für ca. 30/60 Stück

Für die Lebkuchenmasse:
240 g gemahlene Mandeln
40 g Mehl
40 g Kuchen- oder feine Semmelbrösel
3 TL Lebkuchengewürz
50 g gehobelte Mandeln
100 g Orangeat
½ TL Hirschhornsalz
5 Eiweiß
330 g Puderzucker
Salz
120 g Marzipanrohmasse
1 Msp. Vanillemark
1 Msp. Bio-Zitronenabrieb

Für die Schokoladenglasur:
300 g Zartbitter- oder Vollmilchkuvertüre

Für die Zuckerglasur:
100 g blanchierte Mandeln
250 g Zucker

Außerdem:
30–35 Oblaten (7 cm ø)
oder 60 Oblaten (5 cm ø)

Backblech • Backpapier

1 Für die Lebkuchenmasse die gemahlenen Mandeln, das Mehl, die Brösel, das Lebkuchengewürz und die gehobelten Mandeln mischen. Das Orangeat fein reiben bzw. in der Küchenmaschine mixen. Das Hirschhornsalz mit 1 EL Eiweiß in einer Tasse verrühren. Das restliche Eiweiß mit dem Puderzucker und 1 Prise Salz zu einem cremigen Schnee schlagen. Die Marzipanrohmasse in kleine Stückchen schneiden und unter den Eischnee rühren.

2 Die Mandelmischung, das feine Orangeat, Vanillemark und Zitronenabrieb unter den Eischnee heben. Die Masse mit einem Teelöffel auf den Oblaten (Größe nach Wunsch) verteilen und mit einem Messer kuppelförmig verstreichen, dabei zum Rand hin flacher werden. Die Lebkuchen auf ein mit Backpapier belegtes Backblech setzen und bei Raumperatur 5 bis 6 Stunden trocknen lassen. Für Lebkuchen mit Zuckerglasur vor dem Trocknen halbierte, blanchierte Mandeln auflegen. Den Backofen auf 180 °C Ober-/Unterhitze vorheizen. Die Lebkuchen auf der mittleren Schiene 10 bis 15 Minuten backen. Abkühlen lassen.

3 Für Lebkuchen mit Schokoladenglasur die Kuvertüre hacken und temperieren (siehe S. 16). Eine Gabel unten in die Oblaten der Lebkuchen stechen und die Lebkuchen bis zum Rand mit der oberen Seite in die Kuvertüre tauchen. Kuvertüre ablaufen lassen und die Lebkuchen zum Trocknen auf ein Backpapier setzen.

4 Für Lebkuchen mit Zuckerglasur Zucker und 100 ml Wasser in einem Topf aufkochen lassen. Die Temperatur reduzieren und bei mittlerer Hitze auf 109 °C (Speisethermometer) köcheln lassen. Mit einem nassen Pinsel immer wieder den Innenrand des Topfs von Zuckerspritzern säubern. Das verhindert eine vorzeitige Kristallisierung. Die Glasur soll zwar auskristallisieren, aber erst auf dem Gebäck. Sobald die Glasur 109 °C erreicht hat, mit einem Pinsel auf die Lebkuchen aufgetragen. Trocknen lassen.

LEBKUCHENSCHNITTEN
vom Blech

Zubereitung: 60 Min. | Kühlzeit: mind. 60 Min. (besser über Nacht) | Backzeit: 30–35 Min.

Zutaten für ca. 25 Stück

Für die Sterne:
50 g Puderzucker
100 g wachsweiche Butter
150 g Mehl
1 Prise Salz
1 Msp. Vanillemark
1 Msp. Bio-Zitronenabrieb

Für den Lebkuchenteig:
150 g Mehl
100 g gemahlene Nüsse
3 EL Kakaopulver
3 TL Lebkuchengewürz
½ Pck. Backpulver
250 g wachsweiche Butter
200 g Puderzucker
4 Eier
1 TL Zimtpulver
Salz
1 Msp. Vanillemark
Abrieb von ½ Bio-Orange
150 ml Milch

Außerdem:
Fett und Mehl für das Blech

Backblech (40 x 30 cm)
Sternausstecher (ca. 3,5 cm ø)

1 Für die Sterne alle Zutaten zu einem Mürbeteig verarbeiten. Zu einem Rechteck formen, in Frischhaltefolie gewickelt mindestens 1 Stunde (besser über Nacht)kühl stellen.

2 In der Zwischenzeit für den Lebkuchenteig das Mehl, die Nüsse, das Kakaopulver, das Lebkuchengewürz und das Backpulver in einer Schüssel vermischen.

3 Die Butter mit dem Puderzucker leicht schaumig rühren. Die Eier nach und nach dazugeben und jeweils 1 Minute aufschlagen. Dann Zimt, 1 Prise Salz, Vanillemark und Orangenabrieb untermischen. Die Mehl-Nuss-Mischung zusammen mit der Milch zur Eier-Butter-Masse geben und zu einem glatten Teig rühren.

4 Den Backofen auf 180 °C Ober-/Unterhitze vorheizen. Ein Backblech einfetten und bemehlen. Den Lebkuchenteig auf dem Backblech gleichmäßig verstreichen.

5 Den Mürbeteig 3 mm dick ausrollen und Sterne ausstechen. Die Mürbeteigsterne auf die Konfitüre legen und die Lebkuchen im Ofen auf der mittleren Schiene 30 bis 35 Minuten backen.

6 Abkühlen lassen und in 5 x 6 cm große Stücke schneiden. Die Lebkuchen gleich genießen oder in einer Dose lagern, damit sie nicht austrocknen.

PRINTEN
mit Anis & Zimt

Zubereitung: 90 Min. | Kühlzeit: 1–2 Tage (besser 3–4 Tage) | Backzeit: 10–12 Min.

Zutaten für ca. 25 Stück

Für den Printenteig:
10 g Orangeat
250 g Rübensirup
50 g brauner Zucker
½ TL Anissamen
½ TL Zimtpulver
je 1 Msp. Kardamom-, Koriander- und Gewürznelkenpulver
2 ½ g Pottasche
1 Msp. Natron
2 EL Milch
300 g Mehl (Type 550)
80 g Krümelkandis

Außerdem:
300 g Kuvertüre nach Wunsch

Backblech • Backpapier

1 Das Orangeat fein hacken. Den Rübensirup, 20 ml Wasser und den braunen Zucker in einem Topf mischen und unter Rühren so lange erwärmen, bis sich der Zucker aufgelöst hat. Die Gewürze und das fein gehackte Orangeat untermischen. Handwarm abkühlen lassen und dann in eine Rührschüssel füllen.

2 Die Pottasche und das Natron getrennt mit je 1 EL Milch in einer Tasse auflösen. Das Mehl zur Sirup-Gewürz-Mischung geben, alles verkneten und dann nacheinander die Pottasche und das Natron dazugeben. Zum Schluss den Krümelkandis unterkneten. Den Teig in Frischhaltefolie gewickelt 2 bis 3 Tage in einem kühlen Raum ruhen lassen. So entfaltet er sein Aroma am besten. Wer es sehr eilig hat, lässt den Teig nur über Nacht ruhen.

3 Ein Backblech mit Backpapier belegen. Den Teig 3 bis 5 mm dick ausrollen und in 2 × 6 cm lange Streifen schneiden. Auf das Backblech legen und noch mal 1 Tag ruhen lassen.

4 Den Backofen auf 180 °C Ober-/Unterhitze vorheizen. Die Printen im Ofen auf der mittleren Schiene 10 bis 12 Minuten backen. Abkühlen lassen.

5 Die Kuvertüre hacken und temperieren (siehe S. 16). Die ausgekühlten Printen damit überziehen.

✷ MIT MANDELN

Alternativ zur Kuvertüre können auch Mandeln und Nüsse aufgelegt werden. Dafür die Printen nach dem Trocknen dünn mit 2 bis 3 EL Milch bestreichen und Mandeln oder Nüsse nach Geschmack auflegen und leicht andrücken. Dann wie in Schritt 4 beschrieben backen.

PRALINEN & KONFEKT

Winterliche Pralinen und süße Kleinigkeiten zum Verschenken

SCHOKO-RUM-TANNEN
mit Kokosraspeln

Zubereitung: 60 Min. | Backzeit: 10–12 Min.

Zutaten für ca. 70 Stück

Für die Teigmasse:
80 g wachsweiche Butter
80 g Puderzucker
2 Eier
30 g Mehl
80 g gemahlene Haselnüsse
60 g Schokoraspel
1 EL Rum
2–3 Tropfen Rumaroma
Salz
1 Msp. Vanillemark
½ TL Zimtpulver

Außerdem:
250 g weiße Kuvertüre
ca. ½ TL grüne Schokoladenfarbe
2–3 EL Kokosraspel
goldene Zuckerperlen und rote Zuckersterne

ggf. Spritzbeutel mit kleiner Lochtülle
kegelförmige Silikonformen, z. B. für Pralinen (ca. 3 × 2 cm, 15 g)

1 Den Backofen auf 180 °C Ober-/Unterhitze vorheizen. Für die Teigmasse die weiche Butter mit dem Puderzucker leicht schaumig rühren. Die Eier nach und nach dazugeben und jeweils 1 Minute aufschlagen. Mehl, Haselnüsse und Schokoraspel mischen. Die Mehl-Nuss-Mischung zusammen mit dem Rum, dem Rumaroma, 1 Prise Salz, Vanillemark und Zimt schonend unter die Butter-Eigelb-Masse rühren.

2 Die Masse mithilfe eines Teelöffels oder, falls vorhanden, eines Spritzbeutels mit kleiner Lochtülle in kegelförmige Silikonformen füllen. Im Ofen auf der mittleren Schiene 10 bis 12 Minuten backen. Etwas abkühlen lassen und auf ein Kuchengitter stürzen. So mit dem restlichen Teig weiter verfahren, bis er aufgebraucht ist. Vollständig abkühlen lassen.

3 Die weiße Kuvertüre über dem Wasserbad schmelzen, einfärben und temperieren (siehe S. 16). Die kalten Kuchenkegel mit Kuvertüre überziehen. Dazu die Kegel auf eine Gabel oder Pralinengabel spießen. Bis zur Kante on die Kuvertüre eintauchen, herausziehen und überschüssige Kuvertüre ablaufen lassen. Auf ein Backpapier setzen und sofort leicht mit Kokosraspeln bestreuen. Mit einer Zuckerperle oder einem Zuckerstern dekorieren. Fest werden lassen.

✸ FARBMENGE

Was die Menge an Lebensmittelfarbe für Schokolade und Co. betrifft, sind meine Angaben Näherungswerte. Es kommt darauf an, welche Farbe Sie konkret verwenden. Hier ist also immer auch Ihr Augenmaß und Gefühl gefragt.

PUNSCHWÜRFEL
mit Marzipan

Zubereitung: 75 Min. | Kühlzeit: über Nacht | Backzeit: 8–10 Min.

Zutaten für ca. 60 Stück

Für den Marzipanboden:
100 g Marzipanrohmasse
5 Eigelb
1 Msp. Vanillemark
1 Msp. Bio-Zitronenabrieb
5 Eiweiß • Salz
150 g Zucker • 150 g Mehl
150 g zerlassene Butter

Für die Füllung:
200 g Marzipanrohmasse
2–3 EL Johannisbeerkonfitüre
2 EL Rum

Für die Punschtränke:
Saft von 2 Orangen
Saft von 1 Zitrone
50 g Zucker
½ Zimtstange
1 Sternanis • 4 Gewürznelken
3 Kardamomkapseln
je 1 Stück Bio-Orangen- und Bio-Zitronenschale
4 EL Rum

Außerdem:
2–3 EL Johannisbeerkonfitüre
200 g Marzipanrohmasse
50 g Puderzucker
400 g flüssiger Fondant (siehe S. 15)
Fondantsterne und Goldflitter zum Verzieren

Backblech • Backpapier

1 Am Vortag für den Marzipanboden die Marzipanrohmasse in einer Schüssel zerkrümeln und mit den Eigelben, Vanillemark und Zitronenabrieb schaumig schlagen. Backofen auf 200 °C Ober-/Unterhitze vorheizen. Die Eiweiße mit 1 Prise Salz steif schlagen. Nach und nach den Zucker einrieseln lassen. Den Eischnee unter die Marzipan-Eigelb-Masse ziehen. Das Mehl darübersieben und unterheben. Zuletzt die zerlassene Butter unterrühren.

2 Zwei Backbleche (ca. 40 × 30 cm) mit Backpapier belegen. Den Teig darauf gleichmäßig verstreichen. Auf der mittleren Schiene 8 bis 10 Minuten backen. Herausnehmen und abkühlen lassen.

3 Inzwischen für die Füllung Marzipanrohmasse in einer Schüssel zerkrümeln. Mit der Konfitüre und dem Rum verrühren. Die Masse soll etwa die Konsistenz von Quark haben, bei Bedarf mehr Konfitüre oder Rum hinzugeben.

4 Für die Tränke Zitrussäfte mit dem Zucker in einem Topf mischen und erwärmen. Gewürze mit den Zitrusschalen in ein Gewürzsäckchen oder einen Einweg-Teebeutel geben und in den Topf hängen. Den Sud vom Herd nehmen und 1 Stunde ziehen lassen. Das Gewürzsäckchen entfernen und den Rum hinzufügen.

5 Die Marzipanböden halbieren (= 4 Böden zu je ca. 20 × 30 cm). Schichtweise mit der Füllung zusammensetzen, dabei jeden Boden bis auf den untersten leicht mit der Punschtränke beträufeln. Mit Backpapier bedecken. Ein Blech darauflegen und mit drei Milchpackungen beschwert über Nacht kühl stellen.

6 Am nächsten Tag den obersten Boden mit Konfitüre bestreichen. Marzipanrohmasse und Puderzucker verkneten, zu einem 20 × 30 cm großen Rechteck ausrollen und auf den obersten Boden legen. Die Platte in etwa 3 cm große Würfel schneiden, diese mit Fondant überziehen. Mit Sternen und Goldflitter verzieren.

BAUMKUCHENSPITZEN
mit Kardamom

Zubereitung: 90 Min. | Backzeit: 30 Min.

Zutaten für ca. 100 Stück

Für die Füllung:
200 g Marzipanrohmasse
20 ml Cointreau
30 ml Läuterzucker (15 g Zucker und 15 ml Wasser kurz erhitzen)

Für die Sandmasse:
45 g Marzipanrohmasse
170 g wachsweiche Butter
1 Ei
1 Eigelb
75 g Speisestärke
15 ml Cointreau
Salz
1 Msp. Vanillemark
2 Msp. Kardamompulver
Abrieb von ½ Bio-Orange
140 g Eiweiß (ca. 4–5 Eiweiß)
180 g Zucker
150 g Eigelb (ca. 7 Eigelb)
75 g Mehl

Außerdem:
300 g Vollmilchkuvertüre
50 g Zartbitterkuvertüre
goldene Zuckersterne

Backblech • Backpapier
Backrahmen (30 × 30 cm)

1 Für die Füllung die Marzipanrohmasse zerkleinern und mit so viel Cointreau und Läuterzucker verrühren, dass die Masse etwa die Konsistenz von Marmelade hat.

2 Für die Sandmasse die Marzipanrohmasse klein schneiden und mit der Butter leicht schaumig rühren. Nach und nach das Ei und das Eigelb unterrühren und aufschlagen. Dann die Speisestärke untermischen. Zuletzt den Cointreau, 1 Prise Salz, das Vanillemark, den Kardamom und den Orangenabrieb dazugeben und alles zu einer glatten Masse verrühren.

3 Die Eiweiße mit dem Zucker zu einem cremigen Schnee schlagen, dann die Eigelbe unterziehen. Die Eischneemasse und das gesiebte Mehl unter die Marzipan-Butter-Creme heben.

4 Den Backofen auf 210 °C Ober-/Unterhitze vorheizen. Ein Backblech mit Backpapier belegen und einen Backrahmen daraufsetzen. In den Ofen schieben. Dann etwas Teig in den Rahmen auf das heiße Blech geben und gleichmäßig dünn verstreichen. Im Ofen auf der mittleren Schiene etwa 5 Minuten backen. Die Teigschichten sollten immer nur leicht braun sein, so werden die Baumkuchenspitzen schön saftig. Aus dem Ofen nehmen und dünn mit Marzipanfüllung bestreichen. Auf die Marzipanfüllung erneut dünn etwas Sandmasse streichen und im Ofen nochmals 5 bis 10 Minuten backen. Diesen Vorgang wiederholen, bis die Sandmasse und die Füllung aufgebraucht sind. Den Baumkuchen vollständig abkühlen lassen, dann in 3 cm breite Streifen und anschließend in 1 × 3 cm große Trapeze schneiden.

5 Für den Überzug die Kuvertüren klein hacken, separat temperieren (siehe S. 16). Die Baumkuchenspitzen mit der Vollmilchkuvertüre überziehen, auf ein Backpapier legen und trocknen lassen. Mit der temperierten Zartbitterkuvertüre filieren (siehe S. 18) und mit den Zuckersternen dekorieren.

MARZIPANSTERNE
mit Aprikosenkonfitüre

Zubereitung: 90 Min. | Kühlzeit: über Nacht | Backzeit: 10 Min.

Zutaten für ca. 35 Stück

Für den Biskuit:
75 g Marzipanrohmasse
4 Eigelb
4 Eiweiß
100 g Zucker
110 g Mehl
Salz
1 Msp. Vanillemark
110 g zerlassene Butter

Für die Füllung:
200 g Marzipanrohmasse
100 g Aprikosenkonfitüre
20 ml Rum

Für das Dekor:
150 g Marzipanrohmasse
40 g Puderzucker
500 g flüssiger Fondant (siehe S. 15)
1 TL essbares Goldpulver
3–4 EL Rum
kleine Schokoladensterne
goldene Zuckerperlen

Backblech • Backpapier
ggf. Backrahmen
Sternausstecher (ca. 4 cm ø)

1 Für den Biskuit den Backofen auf 210 °C Ober-/Unterhitze vorheizen. Die Marzipanrohmasse grob zerkleinern, dann mit den Eigelben zu einer glatten Masse vermengen und schaumig schlagen. Die Eiweiße mit dem Zucker zu einem cremigen Eischnee schlagen und unter die Marzipan-Eigelb-Masse heben. Das Mehl darübersieben und mit 1 Prise Salz und Vanillemark ebenfalls unterheben. Zuletzt die zerlassene Butter unterrühren.

2 Ein Backblech mit Backpapier auslegen und den Biskuit in drei gleich große Portionen teilen. Jede Portion zu einem 20 × 30 cm großen Rechteck verstreichen (falls vorhanden, einen Backrahmen nutzen) und nacheinander im Ofen auf der mittleren Schiene etwa 10 Minuten goldgelb backen. Abkühlen lassen.

3 Für die Füllung das Marzipan mit der Aprikosenkonfitüre und dem Rum glatt rühren. Zwei Teigrechtecke auf der Oberseite damit bestreichen und aufeinanderlegen. Die restliche Füllung abgedeckt aufbewahren. Das dritte Teigstück auflegen, mit einem Bogen Backpapier abdecken und pressen. Dafür ein Backblech oder Schneidebrett darauflegen und beschweren (z. B. mit Mehl- oder Zuckerpaketen). Über Nacht kühl stellen.

4 Am nächsten Tag das Backpapier abziehen und den Kuchen mit der restlichen Füllung bestreichen. Für das Dekor die Marzipanrohmasse mit Puderzucker verkneten, zu einem 20 × 30 cm großen Rechteck ausrollen, auf den Kuchen legen und andrücken.

5 Nun aus dem Kuchen Sterne ausstechen. Den Fondant leicht erwärmen und mit dem Goldpulver und dem Rum vermischen. Nur so viel Rum dazugeben, dass der Fondant schön fließt. Die Sterne in den Fondant tauchen und auf ein Kuchengitter setzen. Mit den Schokoladensternen und den goldenen Zuckerperlen dekorieren. Bevor die Glasur ganz fest ist, die Marzipansterne mit einem Messer vom Gitter lösen.

MARZIPANKARTOFFELN
dreimal anders

Zubereitung: 30 Min. | Trockenzeit: über Nacht

Zutaten für je ca. 30 Stück

… klassisch

Für die Kugeln:
300 g Marzipanrohmasse
120 g Puderzucker • 1 EL Rum

Außerdem:
1 EL Kakaopulver
½ TL Zimtpulver • 2 EL Puderzucker

… nussig-schokoladig

Für die Kugeln:
Zutaten siehe oben

Für die Füllung:
30 blanchierte Mandeln
(alternativ Haselnüsse oder Schokoladentropfen)

Außerdem:
1 EL Kakaopulver • 2 EL Puderzucker

… fruchtig

Für die Kugeln:
Zutaten siehe oben

Für die Füllung:
30 Stücke kandierter Ingwer
(alternativ Soft-Cranberrys oder Rosinen)

Außerdem:
3 EL Himbeerpulver (siehe Tipp)
2 EL Puderzucker (alternativ Zucker)

… klassisch

1 Am Vortag für die Kugeln die Marzipanrohmasse mit dem Puderzucker und dem Rum gut verkneten. Dann mit etwas Puderzucker zu einer daumendicken Stange rollen und diese in 2 cm dicke Stücke schneiden. Die Stücke mit den Händen zu Kugeln rollen. Über Nacht trocknen lassen.

2 Am nächsten Tag das Kakaopulver und den Zimt mit dem Puderzucker mischen und auf ein sauberes Küchentuch sieben. Die Marzipankartoffeln darin einschlagen und vorsichtig rollen, bis sie rundum mit dem Kakao-Zucker-Mix überzogen sind.

… nussig-schokoladig

1 Am Vortag die Kugeln wie oben beschrieben herstellen. Für die Füllung in jede Kugel mit dem Finger eine Mulde drücken und eine Mandel hineinlegen. Das Loch schließen und die Kugel erneut in Form rollen. Über Nacht trocknen lassen.

2 Am nächsten Tag das Kakaopulver und den Puderzucker mischen. Die Kugeln darin in einem sauberen Küchentuch rollen (siehe Schritt 2 klassisches Rezept).

… fruchtig

Die Kugeln wie im klassischen Rezept beschrieben herstellen und dann mit Ingwer füllen wie in der nussig-schokoladigen Variante beschrieben. Nach dem Trocknen das Himbeerpulver und den Puderzucker mischen. Fie Kugeln darin in einem sauberen Küchentuch rollen (siehe Schritt 2 klassisches Rezept).

ROSA (BACK)TRÄUME

Himbeerpulver können Sie über das Internet bestellen. Wer Lust hat, macht es selbst: 2 EL Puderzucker mit 2 bis 3 EL gefriergetrockneten Himbeeren im Mixer fein mahlen.

ORANGENTRÜFFEL *mit Punschfüllung*

Zubereitung: 60 Min. | Kühlzeit: 60 Min. + 12 Stunden (besser über Nacht) | Überziehen: 60 Min.

Zutaten für 63 Stück

Für das Orangengelee:
150 ml frisch gepresster Orangensaft
80 g Gelierzucker 2:1
1 TL Zitronensaft
1 Msp. Zitronensäure
etwas Bio-Orangenabrieb

Für die Punschfüllung:
120 g weiße Kuvertüre
80 g Vollmilchkuvertüre
80 g Sahne
80 ml Rotweinpunsch
1–2 Msp. Punschgewürz

Zum Verzieren:
63 Vollmilch-Trüffelhohlkugeln
300 g Vollmilchkuvertüre
50 g weiße Kuvertüre
2–3 Msp. orange Schokoladenfarbe
1 EL Schokosplitter
etwas essbarer Goldpuder

2 Spritzbeutel mit kleiner Lochtülle
Papier-Spritzbeutel (siehe S. 11)
Backpapier

1 Für das Gelee den Orangensaft mit dem Gelierzucker, dem Zitronensaft, der Zitronensäure und dem Orangenabrieb in einem Topf mischen und 3 Minuten aufkochen. Anschließend zugedeckt abkühlen lassen.

2 Für die Punschfüllung die Kuvertüren klein hacken und in einer Schüssel mischen. Die Sahne aufkochen und den Rotweinpunsch erwärmen. Die Sahne zusammen mit dem Rotweinpunsch und dem Punschgewürz zu den Kuvertüren geben und zu einer glatten Masse verrühren. Abkühlen lassen.

3 Das Gelee und die Punschfüllung jeweils in einen Spritzbeutel füllen. Das Orangengelee in die Vollmilchhohlkörper füllen, sodass in jeder Praline etwas Gelee ist, anschließend bis etwa 1 mm unter den Rand mit der Punschfüllung auffüllen. Die Pralinen mindestens 12 Stunden, am besten über Nacht, an einem kühlen Ort fest werden lassen.

4 Am nächsten Tag die Vollmilchkuvertüre zum Verschließen und Überziehen hacken, über dem heißen Wasserbad temperieren (siehe S. 16). Zum Verschließen etwas Kuvertüre in einen kleinen, selbst gefalteten Spritzbeutel aus Pergamentpapier füllen und die Hohlkugeln damit verschließen. Fest werden lassen.

5 Die Trüffel in die temperierte Kuvertüre tauchen, abtropfen lassen und auf ein Backpapier setzen.

6 Nun die weiße Kuvertüre temperieren (siehe S. 16) und mit der orangen Schokoladenfarbe einfärben. In einen kleinen, selbst gefalteten Spritzbeutel aus Pergamentpapier füllen. Je einen Klecks auf die ausgehärteten Trüffel spritzen und mit Schokosplittern bestreuen. Zuletzt mit Goldpuder dekorieren.

LEBKUCHENTRÜFFEL
mit Preiselbeeren & Gin

Zubereitung: 60 Min. | Kühlzeit: mind. 60 Min. + 12 Stunden (besser über Nacht) | Überziehen: 60 Min.

Zutaten für 63 Stück

Für die Preiselbeerfüllung:
175 g frische oder gefrorene Preiselbeeren
75 g Gelierzucker
1 TL Zitronensaft
1 Msp. Zitronensäure
5 EL Gin

Für die Lebkuchenfüllung:
40 g Vollmilchkuvertüre
100 g Zartbitterkuvertüre
130 g Sahne
½ TL Lebkuchengewürz
15 ml Amaretto

Zum Verzieren:
63 Zartbitter-Trüffelhohlkugeln
300 g Zartbitterkuvertüre
150 g Kakaopulver
etwas roter essbarer Glitzer

2 Spritzbeutel mit kleiner Lochtülle
Papier-Spritzbeutel (siehe S. 11)
Backpapier

1 Für die Preiselbeerfüllung die Preiselbeeren mit dem Gelierzucker, dem Zitronensaft und der Zitronensäure in einem Topf mischen. 3 Minuten aufkochen, dann weitere 3 Minuten bei geringer Hitze köcheln lassen. Anschließend fein pürieren und den Gin unterrühren. Abgedeckt abkühlen lassen.

2 Für die Lebkuchenfüllung die Kuvertüren klein hacken und in einer Schüssel mischen. Die Sahne aufkochen und zusammen mit dem Lebkuchengewürz zu den Kuvertüren geben und zu einer glatten Masse verrühren. Den Amaretto unterrühren. Abgedeckt abkühlen lassen.

3 Die Preiselbeer- und die Lebkuchenfüllung jeweils in einen Spritzbeutel füllen. Die Preiselbeerfüllung in die Vollmilchhohlkörper füllen, anschließend bis etwa 1 mm unter den Rand mit der Lebkuchenfüllung auffüllen. Die Pralinen mindestens 12 Stunden, am besten über Nacht, an einem kühlen Ort fest werden lassen.

4 Am nächsten Tag die Zartbitterkuvertüre zum Verschließen und Umhüllen hacken und über dem heißen Wasserbad temperieren (siehe S. 16). Etwas Kuvertüre in einen kleinen, selbst gefalteten Spritzbeutel aus Pergamentpapier füllen und die Hohlkugeln damit verschließen. Fest werden lassen.

5 Das Kakaopulver mit etwas rotem Glitzer in eine Auflaufform geben. Die restliche Kuvertüre erneut schmelzen. Die Handflächen mit warmer Kuvertüre benetzen und die Pralinen darin rasch rollen, bis sie mit einer dünnen Schicht umhüllt sind. Dann sofort im Kakaopulver wälzen, auf ein Backpapier setzen und etwa 20 Minuten aushärten lassen. Mithilfe eines Siebs vorsichtig das überschüssige Kakaopulver absieben.

SCHNELLE VARIANTE

Für die Preiselbeerfüllung 250 g Preiselbeerkonfitüre mit 60 % Fruchtanteil aus dem Glas mit 5 EL Gin fein pürieren.

CHAIPRALINEN *mit Likör*

Zubereitung: 60 Min. | Kühlzeit: 12 Std. (besser über Nacht) | Verschließen: 20 Min.

Zutaten für 54 Stück

Für die Füllung:
280 g Vollmilchkuvertüre
260 g Sahne + etwas mehr zum Auffüllen
2 cm Zimtstange
2 Gewürznelken
2 Kardamomkapseln (zerdrückt)
2 Zacken Sternanis
1 Stück Ingwer
2 TL Schwarztee
40 ml Licor 43

Außerdem:
54 Vollmilch-Pralinenhalbkugeln mit Ornamenten
70 g Vollmilchkuvertüre

Spritzbeutel mit kleiner Lochtülle

1 Für die Füllung die Kuvertüre klein hacken und in eine Schüssel füllen. Die Sahne mit den Gewürzen aufkochen und 15 Minuten ziehen lassen. Den Schwarztee dazugeben und weitere 2 Minuten ziehen lassen. Abseihen und die Sahne wieder auf 260 g auffüllen. Die Gewürzsahne nochmals erhitzen, zur Kuvertüre geben und zu einer glatten Masse verrühren. Den Licor 43 unterrühren. Abgedeckt abkühlen lassen.

2 Die Füllung in einen Spritzbeutel geben und bis 1 mm unter den Rand in die Hohlkugeln füllen. An einem kühlen Ort mindestens 12 Stunden, am besten über Nacht, fest werden lassen.

3 Am nächsten Tag die Kuvertüre temperieren (siehe S. 16) und die Hohlkugeln damit verschließen. Fest werden lassen.

GEBRANNTE-MANDEL-PRALINEN
mit Amaretto & Marzipan

Zubereitung: 120 Min. | Kühlzeit: mind. 60 Min. + 12 Std. (besser über Nacht) | Überziehen: 60 Min.

Zutaten für 100 Stück

Für die Pralinenfüllung:
100 g gebrannte Mandeln
400 g dunkler Nussnougat
100 g Puderzucker
50 ml Amaretto
450 g Marzipanrohmasse

Zum Verzieren:
300 g Vollmilchkuvertüre
100 gebrannte Mandeln

Backblech
Backpapier oder Silikonmatte
1 Pralinenrahmen (25 × 25 cm) oder
4 Metallstäbe

1 Am Vortag ein Backblech mit Backpapier oder einer Silikonmatte belegen und einen Pralinenrahmen oder vier Metallstäbe (siehe S. 24) in der Größe 25 × 25 cm daraufsetzen.

2 Für die Pralinenfüllung die gebrannten Mandeln in einer Küchenmaschine fein reiben. Den Nussnougat über dem Wasserbad schmelzen oder in der Mikrowelle langsam flüssig werden lassen (Achtung: Der Nougat darf nicht zu warm werden!!). Die geriebenen gebrannten Mandeln unterrühren.

3 Den Nougat in den Rahmen füllen, mit einer Palette glatt streichen und etwa 1 Stunde fest werden lassen.

4 Den Puderzucker und den Amaretto zur Marzipanrohmasse geben und alles mit den Händen zu einer glatten Masse verkneten. Die Marzipanmasse gleichmäßig auf die Nougatplatte streichen und anschließend mindestens 12 Stunden, am besten über Nacht, fest werden lassen.

5 Am nächsten Tag den Rahmen lösen und abheben. Die Kuvertüre zum Bestreichen und Überziehen hacken, über dem heißen Wasserbad temperieren (siehe S. 16). Die Pralinenplatte dünn damit bestreichen. Sobald die Kuvertüre fest geworden ist, die Platte wenden und auf der anderen Seite ebenfalls dünn mit Kuvertüre bestreichen. Fest werden lassen.

6 Die Nougat-Marzipan-Platte mit einem angewärmten Messer in 2 × 3 cm große Pralinen schneiden. Die Kuvertüre erneut erhitzen und temperieren. Die Pralinen damit überziehen. Dafür in die Kuvertüre eintauchen, überschüssige Kuvertüre abtropfen lassen und die Praline auf ein Backpapier setzen. Je 1 gebrannte Mandel auf die noch weiche Kuvertüre legen.

SCHNEEBÄLLE
mit Pistazie & Nougat

Zubereitung: 90 Min. | Aushärten: 2–3 Std. | Überziehen: 30 Min.

Zutaten für ca. 25 Stück

Für den Nougatkern:
100 g Nougat
½ TL Zimtpulver

Für das Pistazienmarzipan:
40 g Pistazienkerne
80 g Puderzucker
100 g Marzipanrohmasse
1 EL Branntwein

Für die Marzipanhülle:
20 g Orangeat
100 g Marzipanrohmasse
2 EL Cointreau

Zum Verzieren:
300 g weiße Kuvertüre
150 g Kokosraspel

Backpapier

1 Für den Nougatkern den Nougat mit dem Zimt vermischen und 25 gleich große Kugeln formen (am besten den Nougat immer wieder im Kühlschrank fest werden lassen).Mit Frischhaltefolie abdecken und kühl stellen.

2 Für das Pistazienmarzipan die Pistazien und den Puderzucker in einem Multizerkleinerer zu einem mehlartigen Pulver mixen. Mit der Marzipanrohmasse und dem Branntwein verkneten. Aus der Masse 25 gleich große Kugeln formen. Mit Frischhaltefolie abdecken und beiseitestellen.

3 Für die Marzipanhülle das Orangeat in einem Multizerkleinerer sehr fein mixen und anschließend mit Marzipanrohmasse und Cointreau verkneten. 25 gleich große Kugeln formen. Mit Frischhaltefolie abdecken und beiseitestellen.

4 Zuerst die Pistazienkugeln jeweils so groß ausrollen, dass die Nougatkugeln mittig hineingelegt werden können. Die Nougatkugeln gleichmäßig mit dem Pistazienmarzipan umhüllen und vorsichtig zu Kugeln rollen.

5 Das Orangenmarzipan für die Hülle jeweils so groß ausrollen, dass die Pistazien-Nougat-Kugeln hineingelegt werden können. Die Kugeln gleichmäßig damit umhüllen und vorsichtig wieder zu Kugeln formen. Die Kugeln etwa 2 Stunden trocknen lassen.

6 Die Kuvertüre hacken und über dem heißen Wasserbad temperieren (siehe S. 16). Die Kokosraspel in eine flache Form füllen.

7 Die Handflächen mit warmer Kuvertüre benetzen und die Pralinen darin rasch rollen, bis sie mit einer dünnen Schicht umhüllt sind. Die Kugeln sofort in den Kokosraspeln wälzen, auf Backpapier setzen und etwa 30 Minuten aushärten lassen.

FLORENTINER
mit getrockneten Früchten

Zubereitung: 90 Min. | Backzeit: 4–6 Min.

Zutaten für ca. 60 Stück

Für die Florentinermasse:
50 g Orangeat
10 g getrocknete Cranberrys
80 g Butter
200 g Zucker
100 g Honig
140 g gehobelte Mandeln
70 g Pinienkerne
Salz
1 Msp. Vanillemark

Außerdem:
150 g dunkle Kuvertüre

Backblech • Backpapier
runder Ausstecher (ca. 3 cm ø)
Papier-Spritzbeutel (siehe S. 11)

1 Für die Florentinermasse das Orangeat fein reiben oder hacken. Die Cranberrys klein hacken. Die Butter, den Zucker und den Honig in einen kleinen Topf geben. Unter Rühren schmelzen und etwa 1 Minute aufkochen lassen. Den Topf vom Herd nehmen. Die gehobelten Mandeln, die Pinienkerne, die getrockneten Früchte, 1 Prise Salz und Vanillemark unter die heiße Honigmasse rühren.

2 Den Backofen auf 180 °C Ober-/Unterhitze vorheizen. Ein Backblech mit Backpapier belegen. Die Masse mit einem Teelöffel in kleinen Portionen auf das Blech setzen. Die Portionen sollten genügend Abstand zueinander haben. Mit den Fingern etwas flach drücken (dabei die Finger immer wieder in kaltes Wasser tauchen). Die Florentiner anschließend im Ofen auf der mittleren Schiene 4 bis 6 Minuten backen.

3 Die Florentiner aus dem Ofen nehmen und sofort mit einem runden Ausstecher oder einem Messer in Form bringen. Vollständig abkühlen lassen.

4 Die Kuvertüre hacken und temperieren (siehe S. 16). In einen selbst gefalteten Spritzbeutel aus Pergamentpapier füllen, etwa 2 cm große Kleckse auf ein Backpapier spritzen und die kalten Florentiner daraufdrücken. Trocknen lassen. Damit die Florentiner schön knusprig bleiben, in einer Dose aufbewahren.

SCHOKOSPLITTER
dreimal anders

Zubereitung: 30 Min. | Backzeit: 10 Min. | Aushärten: 30 Min.

Zutaten für je ca. 40 Stück

… Vanille & Orange

200 g gestiftelte Mandeln
2 EL Zucker
1 Msp. Vanillemark
1 EL Sahne
Abrieb von ½ Bio-Orange
80 g weiße Kuvertüre

… Lebkuchen

200 g gestiftete Mandeln
2 EL Zucker
1 EL Sahne
1 Msp. Vanillemark
½ TL Lebkuchengewürz
80 g Vollmilchkuvertüre

… Spekulatius

200 g gestiftete Mandeln
2 EL Zucker
1 EL Sahne
1 Msp. Vanillemark
½ TL Lebkuchengewürz
80 g Zartbitterkuvertüre

Backblech • Backpapier

… für alle Varianten

1 Den Backofen auf 200 °C Ober-/Unterhitze vorheizen. Ein Backblech mit Backpapier belegen. Die Mandelstifte mit dem Zucker, dem Vanillemark, der Sahne und den jeweiligen Gewürzen vermischen und auf dem Blech verteilen. Im Ofen auf der mittleren Schiene etwa 10 Minuten goldgelb rösten. Dann vollständig abkühlen lassen.

2 Die gerösteten Mandelstifte mit den Finger vereinzeln und in eine Schüssel geben. Die Kuvertüre hacken und temperieren (siehe S. 16). Anschließend zu den Mandelstiften geben und gut damit vermischen. Mit einem Teelöffel zügig kleine Häufchen auf ein Backpapier setzen und die Schokosplitter etwa 30 Minuten aushärten lassen.

✷ FRUCHTIGE VARIANTEN

Mir schmeckt es sehr gut, wenn ich zu den gerösteten, kalten Mandelstiften noch 1 bis 2 EL klein gehackte, getrocknete Früchte oder 1 bis 2 EL gefriergetrocknete Früchte wie Himbeeren oder Erdbeeren dazugebe.

CALISSONS
Französisches Mandelkonfekt

Zubereitung: 60 Min. | Trockenzeit: über Nacht

Zutaten für ca. 25 Stück

Für die Mandelmasse:
100 g sehr fein gemahlene Mandeln (siehe Tipp S. 86)
70 g Puderzucker
60 g kandierte Melone
20 g kandierte Ananas
20 g kandierte Orange
10 g kandierte Zitrone
1 TL Orangenblütenwasser
1 Tropfen Bittermandelöl

Für die Zitronenglasur:
1 frisches Eiweiß
250 g Puderzucker
2–3 EL Zitronensaft
Lebensmittelfarben (optional)

Außerdem:
2 dünne, rechteckige Oblaten (10 × 15 cm)
Kirschwasser zum Tauchen der Förmchen

Calissonausstecher oder runder Ausstecher

1 Am Vortag für die Mandelmasse alle Zutaten in den Küchenmixer geben und so lange mixen, bis eine gleichmäßige, marzipanähnliche Paste entsteht.

2 Die Paste etwa 8 mm dick auf den Oblaten glatt verstreichen. Über Nacht zugedeckt trocknen lassen.

3 Am nächsten Tag mit einem Calissonsausstecher die typischen Ellipsen ausstechen. Das Förmchen zwischendurch immer wieder in Kirschwasser tauchen, damit die Masse nicht daran kleben bleibt. Wer kein Calissonausstecher hat, sticht runde Formen aus oder schneidet mit dem Messer Rauten zu.

4 Für die Zitronenglasur das Eiweiß, den Puderzucker und den Zitronensaft in einer hohen Rührschüssel mit den Quirlen des Handrührgeräts bei niedriger Stufe 4 bis 5 Minuten zu einer steifen, weiß glänzenden Glasur verrühren (siehe S. 19). Optional einen Teil der Glasur tropfenweise mit Lebensmittelfarben einfärben.

5 Die Calissons dick mit der Zitronenglasur bestreichen und trocknen lassen.

✦ PERFEKT IN FORM

Die Calissons am besten auf einem Schneidebrett ausstechen. Mit einem Messerrücken auf das Förmchen klopfen, um die Oblate zu durchtrennen.

STOLLEN & KUCHEN

Klassiker, würzige Kuchen und traumhafte Torten
für winterliche Festtage

BUTTER-CHRISTSTOLLEN
klassisch

Zubereitung: 120 Min. | Gehzeit: mind. 90 Min. | Ziehzeit: über Nacht | Backzeit: 40–50 Min.

Zutaten für 1 Stollen

100 g Rosinen
70 g Orangeat
70 g Zitronat
70 g gehackte Mandeln
125 ml brauner Rum
280 g Mehl (Type 550)
1 Würfel frische Hefe
70 ml lauwarme Milch
20 g Zucker
Salz
1 TL Stollengewürz
Abrieb von ½ Bio-Zitrone
1 Msp. Vanillemark
70 g wachsweiche Butter
30 g wachsweiches Butterschmalz
1 EL Marzipanrohmasse

Außerdem:
Fett für die Form
100 g heiße Butter
200 g Zucker
2–3 EL Puderzucker

Stollenhaube (ca. 13 × 29 cm, optional)
Backblech • Backpapier

1 Rosinen, Orangeat, Zitronat und Mandeln mit dem Rum vermischen und über Nacht abgedeckt ziehen lassen. Am nächsten Tag den Ofen auf 180 °C Ober-/Unterhitze vorheizen. 70 g Mehl mit der zerbröselten Hefe, der Milch, ½ TL vom Zucker und 1 Prise Salz vermischen. Den Hefeansatz abgedeckt an einem warmen Ort 30 bis 35 Minuten gehen lassen, bis er in sich zusammenfällt.

2 Das restliche Mehl mit dem restlichen Zucker und den Gewürzen zum Hefeansatz geben und verkneten. Die Butter, das Butterschmalz und das Marzipan dazugeben und etwa 5 Minuten zu einem glatten Teig kneten. Den Teig abgedeckt an einem warmen Ort 15 Minuten gehen lassen. Noch mal 5 Minuten kneten und wieder 15 Minuten gehen lassen. Den Teig weitere 5 Minuten kneten und ganz am Ende die Früchte dazugeben.

3 Den Teig zu einer Stange formen, in die gefettete Stollenhaube legen und andrücken. Der Teig muss gleichmäßig in der Form liegen. Abgedeckt 20 bis 25 Minuten gehen lassen. Die Form mit dem Stollenteig auf ein mit Backpapier belegtes Backblech stürzen und im Ofen auf der mittleren Schiene backen. Nach etwa 35 Minuten die Stollenhaube abnehmen (die Seiten sollten leicht bräunlich sein, die Mitte noch blass), weitere 15 Minuten goldgelb backen (damit er saftig ist, sollte er nicht zu dunkel werden).

4 Zum Backen ohne Stollenhaube die Teigstange auf ein mit Backpapier belegtes Backblech legen, mit einem Messer der Länge nach in der Mitte leicht einschneiden. Zugedeckt nochmals 15 bis 20 Minuten gehen lassen. Falls nötig, Rosinen von der Oberfläche entfernen, damit sie nicht verbrennen. Auf der mittleren Schiene in den Ofen schieben. Etwa 100 ml Wasser auf den heißen Backofenboden schütten und den Stollen im heißen Dampf 5 Minuten backen. Dann die Ofentür einen Spalt öffnen (einen Kochlöffel dazwischenklemmen), damit der Dampf entweichen kann, und weitere 35 bis 45 Minuten backen.

5 Den Stollen 5 Minuten abkühlen lassen. Dann mit der heißen Butter bestreichen und im Zucker wälzen. Den kalten Stollen mit Puderzucker bestäuben.

6 Sein besonderes Aroma entwickelt der Stollen nach 1 bis 2 Wochen. Zum Aufbewahren den kalten Stollen in Alufolie einschlagen und anschließend in Frischhaltefolie wickeln. Kurz vor dem Servieren mit Puderzucker besieben.

QUARKSTOLLEN
mit Rumfrüchten

Zubereitung: 90 Min. | Ziehzeit: über Nacht | Backzeit: 50 Min.

Zutaten für 1 Stollen

90 g Rosinen
100 g Orangeat
100 g Zitronat
100 g gehackte Mandeln
50 ml Strohrum
100 g Marzipanrohmasse
100 g wachsweiches Butterschmalz
100 g Zucker
2 Eier
250 g Dinkelweißmehl
½ Pck. Backpulver
Salz
1 TL Stollengewürz
250 g Quark
Abrieb von ½ Bio-Zitrone
1 Msp. Vanillemark

Außerdem:
Fett für die Form
60 g heiße Butter
200 g Vanillezucker
2–3 EL Puderzucker

Stollenhaube (ca. 13 × 29 cm)
Backblech • Backpapier

1 Die Rosinen, das Orangeat, das Zitronat und die Mandeln mit dem Rum vermischen und über Nacht zugedeckt ziehen lassen.

2 Den Backofen auf 180 °C Ober-/Unterhitze vorheizen. Die Marzipanrohmasse in Stücke schneiden und zusammen mit dem Butterschmalz und dem Zucker zu einer glatten Masse verrühren. Die Eier nach und nach dazugeben und zu einer homogenen Masse rühren. Mehl, Backpulver, 1 Prise Salz und Stollengewürz mischen. Zusammen mit dem Quark, Zitronenabrieb und Vanillemark zur Eiermischung geben und alles zu einem glatten Teig verkneten.

3 Die Früchte-Rum-Mischung kurz unterkneten. Nicht zu lange kneten, da die Früchte den Teig sonst gräulich färben. Den Teig mit den Händen noch mal gut durchkneten und zu einer Stange formen. In die gefettete Stollenhaube legen und gut andrücken. Der Teig muss gleichmäßig in der Form liegen.

4 Die Form mit dem Stollenteig auf ein mit Backpapier belegtes Backblech stürzen und im Ofen auf der mittleren Schiene backen. Nach etwa 35 Minuten die Stollenhaube abnehmen (die Seiten sollten leicht bräunlich sein, in der Mitte ist der Stollen noch blass) und den Stollen weitere 15 Minuten goldgelb backen (damit er schön saftig ist, sollte er nicht zu dunkel sein). Zum Backen ohne Haube siehe Seite 152 Schritt 4.

5 Nach 5 Minuten Abkühlzeit den Stollen von allen Seiten mit heißer Butter einstreichen und im Vanillezucker wälzen. Sobald der Stollen kalt ist, mit Puderzucker besieben. Sein besonderes Aroma entwickelt er nach 2 bis 3 Tagen. Aber auch frisch schmeckt er sehr lecker. Zum Aufbewahren den Stollen in Alufolie einschlagen und anschließend mit Frischhaltefolie einwickeln. Kurz vor dem Servieren noch mal mit Puderzucker besieben.

STOLLENSTRIEZEL
aus Plunderteig

Zubereitung: 90 Min. | Kühlzeit: 120 Min. | Backzeit: 20–25 Min.

Zutaten für 9 Stück

Für den Hefeteig:
220 g Mehl
30 g Zucker
Salz
15 g frische Hefe
1 Msp. Vanillemark
1 Msp. Bio-Zitronenabrieb
100 ml lauwarme Milch
30 g wachsweiche Butter

Für die Butterplatte:
90 g wachsweiches Butterschmalz
40 g wachsweiche Butter
25 g Mehl

Für die Füllung:
40 g Orangeat • 40 g Zitronat
125 ml Milch
50 g Zucker
50 g Marzipanrohmasse
40 g Semmelbrösel
100 g gestiftelte Mandeln
1 TL Stollengewürz
1 Msp. Vanillemark
Abrieb von ½ Bio-Zitrone
50 g Rosinen

Außerdem:
1 Eigelb • 4 EL Milch
2–3 EL Aprikosenkonfitüre
50 g flüssiger Fondant (siehe S. 15)

Backblech • Backpapier

1 Für den Teig das Mehl, den Zucker, 1 Prise Salz, die zerbröselte Hefe, das Vanillemark und den Zitronenabrieb in eine Schüssel geben. Mit der lauwarmen Milch verkneten. Dann die Butter dazugeben und alles zu einem glatten Teig verkneten. Den Teig in Frischhaltefolie gewickelt 30 Minuten kühl stellen.

2 Für die Butterplatte das Butterschmalz, die Butter, das Mehl und 1 EL Wasser zu einer glatten Masse vermischen. Auf einem Backpapier zu einer 15 × 20 cm großen Platte ausstreichen. Kühl stellen. Für die Füllung das Orangeat und das Zitronat im Multizerkleiner etwas klein mixen. Mit den restlichen Zutaten außer den Rosinen vermengen.

3 Zum Tourieren den Teig auf der bemehlten Arbeitsfläche auf 40 × 20 cm ausrollen. Die Butterplatte auf eine Teighälfte legen, die andere Teighälfte darüberklappen und die Ränder gut verschließen. Den Teig wieder auf 20 × 40 cm ausrollen und die kurzen Seiten wie bei einem Geschäftsbrief übereinanderklappen, sodass drei Lagen entstehen. 30 Minuten kühl stellen. Dann den Teig wieder auf 20 × 40 cm ausrollen und wie einen Geschäftsbrief falten, sodass drei Lagen entstehen. Erneut 30 Minuten kühl stellen. Dann den Teig noch mal ausrollen und dreilagig zusammenlegen. 30 Minuten kühlen.

4 Den Backofen auf 170 °C Umluft vorheizen. Den Teig zu einem 45 × 30 cm großen Rechteck ausrollen. Die Füllung darauf verstreichen und die Rosinen aufstreuen. Den Teig von der Längsseite bis zur Mitte einschlagen, die andere Längsseite darüberschlagen und etwas flach drücken. Eigelb mit Milch verquirlen und den Striezel damit bestreichen. Die Teigoberfläche mit einer Schere im Zickzack einschneiden und noch etwas aufreißen. Den Striezel in 5 cm breite Stücke schneiden. Auf ein mit Backpapier belegtes Backblech legen und im Ofen auf der mittleren Schiene 20 bis 25 Minuten backen. Zum Verzieren siehe Tipp rechts.

ZUM VERZIEREN

Die Aprikosenkonfitüre erwärmen und glatt rühren. Die noch warmen Striezel damit bestreichen und trocknen lassen. Den Fondant leicht erwärmen und die Striezel damit bestreichen.

FRÜCHTEBROT
mit Kletzen

Zubereitung: 90 Min. | Ziehzeit 120 Min. | Gehzeit: 120 Min. | Backzeit: 60–70 Min.

Zutaten für 2 Stück

Für die Früchte:
100 g getrocknete Aprikosen
100 g getrocknete Pflaumen
100 g Feigen
100 g Kletzen (Dörrbirnen)
260 g Rosinen
70 g Haselnüsse
40 ml Rum
1 Msp. Gewürznelkenpulver
1 TL Zimtpulver
Mark von ½ Vanilleschote
Abrieb von ¼ Bio-Zitrone

Für den Brotteig:
560 g Roggenvollkornmehl oder Dinkelvollkornmehl
7 g Salz
1 ½ Pck. Trockenhefe

Backblech • Backpapier

1 Für die Früchte Aprikosen, Pflaumen, Feigen und Kletzen in 2 mm dicke Scheiben schneiden. Mit den Rosinen, den Haselnüssen, dem Rum, 160 ml Wasser und den Gewürzen, Vanillemark und Zitronenabrieb in einer Schüssel mischen und zugedeckt bei Raumtemperatur 2 Stunden ziehen lassen. Immer wieder umrühren, damit sich die Früchte gleichmäßig vollsaugen können.

2 Für den Brotteig das Mehl, das Salz, die Hefe und 410 ml lauwarmes Wasser in einer Rührmaschine etwa 10 Minuten zu einem glatten Teig kneten. Falls er noch etwas zu klebrig ist, vorsichtig etwas Mehl dazugeben. Den Teig mit Mehl bestäuben und abgedeckt an einem warmen Ort 2 Stunden gehen lassen. Zwischendurch immer wieder mit der Hand niederschlagen, also die Luft herausdrücken.

3 Für die Brotmäntel 2 × 150 g Teig abnehmen und beiseitelegen. Nun die Früchte unter den restlichen Teig kneten. Das geht am besten mit den Händen. Den mit den Früchten gemischten Teig zu zwei gleich großen länglichen Wecken formen.

4 Den Backofen auf 180 °C Ober-/Unterhitze vorheizen. Ein Backblech mit Backpapier belegen. Die beiden Teigportionen für die Brotmäntel zu Rechtecken ausrollen, in die die Wecken genau eingeschlagen werden können. Vor dem Einschlagen die Wecken mit etwas Wasser bestreichen, so verbindet sich der Brotmantel am besten mit dem Früchteteig. Die beiden Wecken auf das Backblech legen (Schluss nach unten), gut mit Wasser bestreichen und mit einer Gabel einstechen, damit die Mäntel nicht einreißen. Im Ofen auf der mittleren Schiene 60 bis 70 Minuten backen. Beim Hineinschieben in den Ofen 100 ml Wasser auf den heißen Boden des Ofens schütten. Durch den Dampf bleibt die Kruste länger elastisch. Nach dem Schließen des Ofens die Temperatur auf 150 °C reduzieren. Nach dem Backen auf die Unterseite des Brotes klopfen. Klingt es hohl, ist es fertig.

REHRÜCKEN *mit Marzipan*

Zubereitung: 45 Min. | Backzeit: 35–40 Min.

Zutaten für 1 Kuchen

Für Masse I:
75 g gemahlene Mandeln
30 g Löffelbiskuits
60 g Zartbitterkuvertüre
3 Eier
60 g wachsweiche Butter
120 g Puderzucker
1 Msp. Vanillemark
2 EL Amaretto
45 g Mehl • ½ TL Backpulver
Salz

Für die Masse II:
70 g gemahlene Mandeln
40 g weiße Kuvertüre
2 Eier
40 g wachsweiche Butter
50 g Puderzucker
1 Msp. Vanillemark
1 EL Amaretto
30 g Mehl • ¼ TL Backpulver
Salz

Außerdem:
300 g Marzipan
50 g Puderzucker
1 EL Amaretto
2-3 EL Aprikosenkonfitüre
ca. 80 g gestiftelte Mandeln
200 g temperierte Kuvertüre

Rehrückenform (30 cm)
Spritzbeutel mit großer Lochtülle

1 Die Rehrückenform einfetten und mehlieren. Die Mandeln für die 1. und 2. Masse in einer Pfanne ohne Fett rösten und abkühlen lassen. Für die 1. Masse die Löffelbiskuits zerbröseln. Die Kuvertüresorten für die 1. und 2. Masse getrennt über dem Wasserbad schmelzen. Backofen auf 180 °C Ober-/Unterhitze vorheizen.

2 Für die 1. Masse die Eier trennen. Die Butter mit 40 g Puderzucker und Vanillemark leicht schaumig rühren. Die Eigelbe nach und nach unterrühren, dann die flüssige Kuvertüre und den Amaretto. Das Mehl mit Backpulver sieben und mit den Biskuitbröseln und den Mandeln mischen. Die Eiweiße mit dem restlichen Puderzucker und 1 Prise Salz zu einem cremigen Schnee schlagen. Den Eischnee vorsichtig zusammen mit der Mehlmischung unter die Butter-Eigelb-Masse heben.

3 Für die 2. Masse die Eier trennen. Die Butter mit 20 g Puderzucker und dem Vanillemark leicht schaumig rühren. Die Eigelbe nach und nach unterrühren, dann die flüssige Kuvertüre und den Amaretto. Das Mehl mit dem Backpulver sieben und mit den Mandeln mischen. Die Eiweiße mit dem restlichen Puderzucker und 1 Prise Salz zu einem cremigen Schnee schlagen. Den Eischnee vorsichtig zusammen mit der Mehlmischung unter die Butter-Eigelb-Masse heben. Die dunkle 1. Masse in die Form füllen und mit einem Löffel der Länge nach eine Mulde ziehen. Mit einem Spritzbeutel die helle 2. Masse in die Mulde füllen. Im Ofen auf der mittleren Schiene 35 bis 40 Minuten backen. Etwas abkühlen lassen, dann auf ein Kuchengitter stürzen.

4 Für den Marzipanmantel Marzipanrohmasse, Puderzucker und Amaretto verkneten und auf etwas Puderzucker zu einem Rechteck in der Größe des Kuchens ausrollen. Nun den Kuchen mit heißer Aprikosenkonfitüre bestreichen, das Marzipan darüberlegen und andrücken. Mit Mandelstiften spicken und mithilfe eines Pinsels mit der temperierten Kuvertüre (siehe S. 16) überziehen.

MEIN TIPP

Sollte der Kuchen sich nur schwer aus der Form lösen, einfach ein feuchtes Tuch auf die gestürzte Backorm legen und den Kuchen einige Minuten ruhen lassen.

WINTERLICHE GETRÄNKE

Wenn es draußen ungemütlich und dunkel wird, kommen warme und gewürzte Getränke genau richtig. Sie sind aus der kalten Jahreszeit nicht wegzudenken und gehören wie Plätzchen, Stollen oder Lebkuchen dazu. Vor allem selbst gemacht sind sie ein wahrer Genuss.

Hot Mandarin-Gin

Für 2 Gläser: 300 ml frisch gepressten Mandarinensaft, 10 ml Ahornsirup, 10 ml Zitronensaft, 2 cm Zimtstange und 2 cm Vanilleschote in einem Topf erhitzen und 10 Minuten zugedeckt ziehen lassen. 100 ml Gin dazugeben und die Mischung erneut erwärmen. In ein Glas füllen und mit je 1 Bio-Mandarinenscheibe und 1 Rosmarinzweig dekorieren.

Granatapfel-Limo

Für 2 Gläser: 2 EL Agavendicksaft, 200 ml Granatapfelsaft, 100 ml Holundersaft, den Saft von ½ Limette und 2 EL Zimtsirup mischen.

Chrushed Ice bis 2 cm unter dem Rand in die Gläser geben. Holunder-Granatapfel-Saft hin-einfüllen und je 1 Scheibe Ingwer, 1 Scheibe Bio-Limette und 1 Thymianzweig dazugeben. Mit 150 ml Sprudelwasser (= 75 ml pro Glas) auffüllen. Mit je 1 Zimtstange servieren.

Wer möchte, kann die Holunder-Granatapfel-Limo mit Lavendellikör beschwipsen.

Chai-Whiskey

Für 2 Gläser: Für den Chaitee 300 ml Wasser, 5 grüne Kardamomkapseln, 5 Gewürznelken, ½ TL Fenchelsamen, ½ TL Anissamen, ½ Zimtstange, 5 schwarze Pfefferkörner und ½ TL fein gehackten Ingwer aufkochen und bei geringer Hitze 10 Minuten köcheln lassen. 2 EL schwarzen Tee dazugeben und 3 Minuten ziehen lassen. Dann durch ein Sieb absieben. Der Tee kann gut im Voraus vorbereitet und zum Servieren erneut kurz erwärmt werden. Für das Rezept werden 160 ml gebraucht. Im Kühlschrank hält er sich 2 bis 3 Tage.

3 cl Kondensmilch mit 150 ml Milch aufschäumen und in ein Glas füllen. Bevor der Tee dazugegeben wird, einen Moment abwarten. So kann sich der Schaum von der Milch etwas absetzen, und es entsteht eine schönere Schicht.

Den warmen Tee vorsichtig dazugeben, dann 2 cl Whiskey (= 1 cl pro Glas). Mit Zimtpulver und Zitronenzesten dekorieren.

Berry-Glühbowle

Für 2 Gläser: 150 ml Wasser zum Kochen bringen. 2 Beutel Beeren-Früchte-Tee, 2 Zacken Sternanis, 2 cm Zimtstange, 1 Gewürznelke, 2 cm Bio-Orangenschale, 2 cm Bio-Zitronenschale und 2 cm Vanilleschote dazugeben und 10 Minuten ziehen lassen.

Gewürze und Teebeutel herausnehmen. Den Tee mit 150 ml rotem Fruchtsaft, 2 EL Himbeersirup, 80 ml Lillet sowie 80 ml Rotwein in einem Topf mischen und erhitzen.

In jedes Glas nach Wunsch 1 bis 2 EL frische Beeren füllen und mit dem heißen Glühwein auffüllen. Auf je einen Teelöffel 1 Stück Würfelzucker geben, mit 1 TL Strohrum tränken und flambieren. Sofort servieren.

LEBKUCHENMUFFINS *mit Knuspermandeln*

Zubereitung: 10 Min. | Backzeit: 20–25 Min.

Zutaten für 12 Stück

Für die Knuspermandeln:
70 g gehobelte Mandeln
1 TL Zucker
1 TL Sahne
½ TL Zimtpulver

Für den Teig:
240 g Mehl
2 TL Backpulver
½ TL Natron
80 g Puderzucker
Salz
½ TL Lebkuchengewürz
2 Eier
180 g Naturjoghurt
120 g zerlassene Butter
1 Msp. Vanillemark

Außerdem:
etwas Puderzucker

Muffinform mit 12 Mulden
12 Papier-Muffinförmchen

1 Für die Knuspermandeln alle Zutaten in einer Schüssel mit den Händen vermischen. Die Mandeln dabei durch Druck mit den Händen etwas zerbrechen.

2 Den Backofen auf 180 °C Ober-/Unterhitze vorheizen. Für den Teig Mehl, Backpulver, Natron, Puderzucker, 1 Prise Salz und Lebkuchengewürz in einer Schüssel mischen.

3 In einer zweiten Schüssel die Eier mit dem Joghurt, der zerlassenen Butter und dem Vanillemark aufschlagen.

4 Die Eier-Joghurt-Mischung zur Mehlmischung geben und alles zügig und schonend verrühren.

5 Die Papierförmchen in die Muffinform legen, den Teig gleichmäßig hineinfüllen und mit den Knuspermandeln bestreuen. Die Muffins im Ofen auf der mittleren Schiene 20 bis 25 Minuten backen. Abkühlen lassen und mit Puderzucker bestreut servieren.

✦ TOPPING

Für eine noch üppigere Variante passt eine Vanille-Rum-Sahne als Topping ganz wunderbar. Dafür 250 g Vanillepudding nach Packungsanweisung kochen. In eine Schüssel füllen und direkt an der Oberfläche mit frischhaltefolie bedecken, damit sich keine Haut bildet. Vollständig abkühlen lassen, sobald er nicht mehr heiß ist, im Kühlschrank. Den kalten Pudding glatt rühren. 100 g Sahne mit 1 Päckchen Sahnesteif steif schlagen. Den Pudding, die Sahne und 2 cl Rum vermischen. Mit einem Spritzbeutel mit großer Sterntülle je eine Rosette auf jeden Muffin spritzen.

WECKMÄNNER
mit Vanille

Zubereitung: 90 Min. | Gehzeit: mind. 55 Min. | Backzeit: 15 Min.

Zutaten für 5 Stück

Für den Hefeteig:
250 g Mehl
40 g Zucker
15 g frische Hefe
60 ml lauwarme Milch
1 Ei
1 Prise Salz
1 Msp. Bio-Zitronenabrieb
1 Msp. Vanillemark
50 g wachsweiche Butter

Zum Bestreichen:
1 Eigelb
4 EL Milch

Außerdem:
20 Rosinen
5 Schokostäbe
5 Schleifen

Backblech • Backpapier
5 Schaschlikspieße

1 Für den Hefeteig alle Zutaten bis auf die Butter in eine Schüssel geben und von Hand oder mit den Knethaken eines Handrührgerätes etwas verkneten. Die Butter in Stücken dazugeben und alles zu einem glatten Teig verkneten. Den Teig abgedeckt an einem warmen Ort etwa 30 Minuten gehen lassen.

2 Den Hefeteig auf die Arbeitsfläche geben und in fünf gleich große Portionen teilen. Diese jeweils zu Kugeln formen und 15 Minuten zugedeckt gehen lassen.

3 Die Teigstücke zu Kegeln formen. Am dicken Ende des Kegels den Kopf formen. Dafür ein Stück Teig mit der Handkante abdrücken und dem Weckmann einmal den „Hals umdrehen". Nun mit einem Nudelholz den unteren Teil etwa 1 cm dick ausrollen. Am besten gleich auf ein mit Backpapier belegtes Backblech legen. Mit einem Messer am spitzen Ende etwas einschneiden und die so entstandenen Beine auseinanderziehen. Für die Arme den Kegel auf Schulterhöhe auf jeder Seite wieder etwas einschneiden. Dabei einen Arm auf den Bauch klappen, sodass er später den Schokostab halten kann. Ein gewässertes Schaschlickspießchen unter den Arm klemmen und mitbacken, um den Arm in Position zu halten, sodass später der Schokostab Platz findet.

4 Das Eigelb und die Milch verquirlen und die Weckmänner damit bestreichen. Die Rosinen als Augen und Knöpfe auflegen und etwas eindrücken. Weitere 10 Minuten gehen lassen, inzwischen den Backofen auf 180 °C Ober-/Unterhitze vorheizen.

5 Die Weckmänner im vorgeheizten Backofen auf der mittleren Schiene etwa 15 Minuten backen. Nach dem Abkühlen die Holzspieße durch die Schokostäbe ersetzen und die Weckmänner mit den Schleifen verzieren.

WEIHNACHTSBROWNIES *mit Streuseln*

Zubereitung: 90 Min. | Backzeit: 30–35 Min.

Zutaten für ca. 45 Stück

Für den Brownieteig:
140 g Zartbitterkuvertüre
240 g Butter
4 Eier
140 g Zucker
180 g brauner Zucker
140 g Mehl
4 EL Kakaopulver
Salz
1 Msp. Vanillemark
½ TL Zimtpulver

Für die Streusel:
120 g kalte Butter
90 g Zucker
190 g Mehl
2 EL geröstete Kakaonibs
1 Msp. Vanillemark
Salz

Backblech • Backpapier
Backrahmen (36 × 25 cm)

1 Für die Brownies den Backofen auf 180 °C Umluft vorheizen. Ein Backblech mit Backpapier belegen und einen Backrahmen daraufsetzen.

2 Für den Teig die Kuvertüre grob hacken, zusammen mit der Butter in einem Topf auf dem Herd (niedrige Hitze) oder über dem heißen Wasserbad schmelzen. Etwas abkühlen lassen.

3 Die Eier und die beiden Zuckersorten mit dem Rührgerät zu schaumig aufschlagen. Die Kuvertüre-Butter-Mischung unterrühren. Dann das Mehl mit dem Kakaopulver darübersieben und zusammen mit 1 Prise Salz, dem Vanillemark und dem Zimt unterheben. Die Masse in den Backrahmen füllen und gleichmäßig verstreichen.

4 Für die Streusel alle Zutaten mit 1 Prise Salz in eine Schüssel geben und mit dem Handrührgerät bröselig verrühren. Die Streusel sollten schön klein sein, bei Bedarf große Teigstücke mit den Händen etwas zerkleinern. Die Streusel auf dem Brownieteig verteilen und die Brownies im Ofen auf der mittleren Schiene 30 bis 35 Minuten backen.

5 Nach dem Abkühlen den Backrahmen lösen und die Brownies in 4 × 5 cm große Stücke schneiden.

✶ FÜRS GANZE JAHR

Ich finde, Brownies schmecken das ganze Jahr über wunderbar. Wenn ich sie nicht in der Weihnachtszeit mache, lasse ich das Zimtpulver einfach weg.

WEIHNACHTSTANNE
mit Nüssen & Kirschen

Zubereitung: 90 Min. | Kühlzeit: 120 Min. | Backzeit: 12–15 Min.

Zutaten für 1 Torte

Für den Nussbiskuit:
7 Eiweiß
75 g Zucker • Salz
75 g Mehl
150 g Puderzucker
½ TL Zimtpulver
210 g geriebene Haselnüsse
7 Eigelb
1 Msp. Vanillemark
60 g zerlassene Butter

Für die Kirschfüllung:
15 g Speisestärke
50 ml Sauerkirschsaft oder Rotwein
200 g gefrorene Sauerkirschen
50 g Zucker
1 EL Zitronensaft
½ TL Glühweingewürz

Für die Rumsahne:
240 ml Milch
20 g Vanillepuddingpulver
100 g weiße Kuvertüre
1 Msp. Vanillemark
200 g Sahne • 3 EL Rum
3 Pck. Sahnesteif

Früchte, Pralinen, Schokolade, Plätzchen nach Geschmack zum Verzieren

Backblech • Backpapier
Spritzbeutel mit mittlerer Lochtülle

1 Den Backofen auf 190 °C Ober-/Unterhitze vorheizen. Ein Backblech mit Backpapier belegen. Für den Biskuit die Eiweiße mit dem Zucker und 1 Prise Salz zu einem cremigen Eischnee schlagen. Das Mehl, den Puderzucker, den Zimt und die Nüsse in einer Schüssel mischen. Die Eigelbe zusammen mit dem Vanillemark zum Eischnee geben und schonend unterrühren. Die Mehl-Nuss-Mischung unterheben, zuletzt die zerlassene Butter unterziehen. Die Masse gleichmäßig auf dem Backblech verstreichen. Im Ofen auf der mittleren Schiene 12 bis 15 Minuten backen.

2 Für die Kirschfüllung die Speisestärke mit 25 ml Kirschsaft oder Rotwein vermischen. Die restlichen Zutaten in einem Topf erhitzen. Die angerührte Speisestärke unter Rühren einlaufen lassen. Unter Rühren köcheln lassen, bis die Flüssigkeit abbindet. Die Kirschen vom Herd nehmen und abgedeckt abkühlen lassen.

3 Für die Rumsahne aus der Milch und dem Puddingpulver einen Pudding kochen. Die weiße Kuvertüre hacken und mit dem Vanillemark in den warmen Pudding einrühren. Direkt an der Oberfläche mit Frischhaltefolie abdecken, damit sich keine Haut bildet. Abkühlen lassen. Die Sahne steif schlagen und zusammen mit dem Rum und dem Sahnesteif unter den kalten Pudding rühren.

4 Aus dem Nussbiskuit zwei Tannen in der Größe 32 x 24 cm schneiden und jeweils die Mittelstücke ausschneiden. Hierfür am besten die beiden Tannen aufeinanderlegen.

5 Die Rumsahne in einen Spritzbeutel mit Lochtülle füllen und an den Rändern entlang auf dem unteren Boden Tupfen spritzen. Die Innenfläche bleibt dabei frei. Die Glühweinkirschen in diesen Innenbereich füllen und den zweiten Boden daraufsetzen. Den ganzen Baum mit Tupfen aus der restlichen Creme bespritzen. Etwa 1 ½ bis 2 Stunden kühlen. Die Torte nach Wunsch mit Früchten, Pralinen, Schokolade oder Plätzchen verzieren.

BRATAPFELTORTE
mit Haselnüssen

Zubereitung: 90 Min. | Kühlzeit: 60 Min. | Backzeit: 45 Min.

Zutaten für 1 Kuchen

Für den Nussboden:
70 g wachsweiche Butter
60 g Puderzucker • 3 Eier
140 g gemahlene Haselnüsse
1 EL Speisestärke • ½ TL Backpulver
1 Msp. Vanillemark
½ TL Zimtpulver • Salz
Fett und Mehl für die Form

Für den Baiserdeckel:
40 g wachsweiche Butter
40 g Puderzucker
Salz • 1 Msp. Vanillemark
etwas geriebene Tonkabohne
1 Eigelb • 60 g Mehl
1 Msp. Backpulver
1 Eiweiß • 60 g Zucker
50 g gehobelte Mandeln
Fett und Mehl für die Form

Für die Bratapfelfüllung:
50 g Zucker • 300 g Apfelwürfel
1 Pck. Vanille-Puddingpulver
300 ml Apfelsaft • 2 EL Zitronensaft
¼ Vanilleschote
2 Zacken Sternanis • ¼ TL Zimtpulver

Für die Sahnefüllung:
1 ½ Pck. Sahnesteif
2 EL Vanillezucker
300 g Sahne

Springform (22 cm ø)
Tortenring (optional)

1 Den Backofen auf 180 °C Ober-/Unterhitze vorheizen. Die Springform einfetten und leicht mit Mehl bestäuben. Für den Nussboden die Butter mit dem Puderzucker schaumig rühren. Nach und nach die Eier unterrühren. Haselnüsse, Speisestärke und Backpulver mischen, mit Vanillemark, Zimt und 1 Prise Salz zur Eimasse geben und alles zu einer homogenen Masse rühren. In die Springform füllen und glatt streichen. Im Ofen auf der mittleren Schiene 20 bis 25 Minuten backen. Abkühlen lassen.

2 Den Backofen auf 180 °C Ober-/Unterhitze vorheizen. Für den Deckel die Springform einfetten und leicht mit Mehl bestäuben. Butter mit Puderzucker, 1 Prise Salz, Vanillemark und Tonkabohnenabrieb verrühren. Das Eigelb unterrühren. Mehl mit Backpulver mischen, sieben und unterrühren. Eiweiß separat mit dem Zucker zu einem steifen Eischnee schlagen. Den Rührteig gleichmäßig in der Springform verstreichen. Den Eischnee darauf verteilen, dabei mit einem Löffel Spitzen ziehen. Den Eischnee mit den gehobelten Mandeln bestreuen. Im Ofen auf der mittleren Schiene etwa 20 Minuten backen. Herausnehmen, etwas abkühlen lassen. Mit einem Messer vom Ring und Boden lösen und in acht gleich große Stücke teilen. Vollständig abkühlen lassen.

3 Für die Füllung Zucker in einem Topf karamellisieren. Äpfel dazugeben und kurz anbraten. Puddingpulver mit etwas Apfelsaft anrühren. Restlichen Apfelsaft, Zitronensaft, Vanille, Sternanis und Zimt zu den Äpfeln geben und etwas köcheln lassen. Sternanis und Vanille entfernen. Die Masse mit Puddingpulver eindicken. Die Füllung noch warm auf dem mit dem Torten- oder Springformring umstellten Nussboden glatt streichen. Abkühlen lassen.

4 Für die Sahnefüllung Sahnesteif und Vanillezucker vermischen. Sahne 1 bis 2 Minuten schlagen, Sahnesteif dazugeben und steif schlagen. Die Sahne auf die kalte Bratapfelfüllung verstreichen, Baiserdeckel auflegen und etwa 1 Stunde kühlen.

BÛCHE DE NOËL
mit Beerensahne

Zubereitung: 90 Min. | Kühl-/Gefrierzeit: mind. 6 Std. + über Nacht | Backen: 12–13 Min.

Zutaten für 1 Torte

Für die Dekormasse:
1 Eiweiß • 30 g Zucker
30 g Mehl
2 TL Kakaopulver
Salz • 1 Msp. Vanillemark
30 g zerlassene Butter

Für den Biskuit:
3 Eiweiß • 30 g Zucker
Salz
4 Eigelb • 1 Msp. Vanillemark
etwas Bio-Zitronenabrieb
50 g Mehl
30 g Speisestärke • 2 EL Öl

Für die Beerensahne:
2 Blatt Gelatine
20 g Zucker • 30 g Beerenpüree
100 ml Wild Berry (z. B. von Schweppes) • 1 EL Zitronensaft
100 g geschlagene Sahne
50 g gemischte Beeren

Für die Schokomousse:
100 g Zartbitterkuvertüre
2 Blatt Gelatine
1 Eigelb • 20 g Zucker • 130 g Sahne
1 Eiweiß • 20 ml Lillet

Backblech (ca. 38 × 32 cm)
Backpapier
Tortendekorschablone
Backform (ca. 4 × 29 cm)
Bûcheform (ca. 8 × 29 cm)

1 Ein Backblech mit Backpapier belegen. Für die Dekormasse Eiweiß und Zucker verrühren. Mehl, Kakaopulver, 1 Prise Salz und Vanillemark mischen. Mit der Butter zur Eiweißmischung geben und alles zu einer glatten Masse verrühren. Mithilfe einer Tortendekorschablone den dunklen Teig als Muster auf das gesamte Backpapier auftragen. Die Teigschicht sollte dünn sein. 20 Minuten gefrieren lassen. Den Backofen auf 180 °C Ober-/Unterhitze vorheizen. Den Dekorboden auf der mittleren Schiene 2 bis 3 Minuten backen. Herausnehmen. Den Ofen nicht ausschalten.

2 Für den Biskuit Eiweiße mit Zucker und 1 Prise Salz zu einem cremigem Eischnee schlagen. Eigelbe mit Vanillemark und Zitronenabrieb schonend unter den Eischnee rühren. Mehl und Speisestärke daraufsieben und zusammen mit dem Öl unterheben. Die Masse auf dem vorgebackenen Dekormuster verstreichen. Auf der mittleren Schiene etwa 10 Minuten backen. Abkühlen lassen.

3 Für die Beerensahne Gelatine in kaltem Wasser einweichen. Zucker, Beerenpüree, Wild Berry und Zitronensaft mischen. Gelatine ausdrücken, mit etwas Berryfond erhitzen und auflösen. Unter den Fond rühren und kühl stellen. Sobald der Fond zu gelieren beginnt, Sahne unterheben. In die kleine Form füllen, die Beeren etwas hineindrücken. Mindestens 6 Stunden einfrieren.

4 Für die Mousse die Kuvertüre über dem Wasserbad schmelzen. Gelatine in kaltem Wasser einweichen. Eigelb mit 10 g Zucker schaumig rühren. 30 g Sahne aufkochen, Gelatine darin auflösen, dann unter die Eigelbmasse rühren. Eiweiß mit dem restlichen Zucker zu cremigem Eischnee schlagen. Die restliche Sahne steif schlagen. Kuvertüre unter die Eigelbmasse rühren, den Lillet dazugeben. Zuletzt Eischnee und Sahne unterheben.

5 Ein Backpapier in der Größe der Innenfläche der Bûcheform (etwa 16 × 29 cm) zurechtschneiden. Mithilfe dieser Schablone ein passendes Stück vom Biskuitboden abschneiden und mit dem Muster nach außen in die Form legen. Nun die Mousse einfüllen. Die Berrysahne aus der kleinen Form holen und mittig in die Mousse drücken.

6 Aus dem restlichen Biskuit einen in die Form passenden Boden schneiden und auf die Mousse legen, andrücken und über Nacht im Kühlschrank fest werden lassen. Am nächsten Tag die Bûche aus der Form holen und nach Geschmack dekorieren.

NEUJAHRSBREZEL
mit Macis

Zubereitung: 60 Min. | Gehzeit: mind. 60 Min. | Backzeit: 25–30 Min.

Zutaten für 1 Brezel

Für den Hefeteig:
440 g Mehl
50 g Zucker
30 g frische Hefe
125 ml lauwarme Milch
1 Ei
1 Eigelb
etwas Salz
1 Msp. Bio-Zitronenabrieb
1 Msp. Vanillemark
½ TL Macis
140 g wachsweiche Butter

Zum Bestreichen:
1 Eigelb
4 EL Milch

Außerdem:
4–5 EL Hagelzucker

Backblech • Backpapier

1 Für den Hefeteig alle Zutaten bis auf die Butter in eine Schüssel geben und von Hand oder mit den Knethaken eines Handrührgerätes etwas verkneten. Die Butter dazugeben und alles zu einem glatten Teig verkneten. Den Teig abgedeckt an einem warmen Ort etwa 30 Minuten gehen lassen.

2 Den Teig auf die Arbeitsfläche geben und in drei gleich große Portionen teilen. Die Teigstücke zu Kugeln formen und 15 Minuten abgedeckt gehen lassen.

3 Die Teigkugeln zu 100 bis 110 cm langen Strängen formen und zu einem Zopf flechten. Den Zopf zu einer großen Brezel mit großzügigen Zwischenräumen formen (der Teig geht stark auf) und auf ein mit Backpapier belegtes Backblech legen. Weitere 15 bis 20 Minuten gehen lassen.

4 Den Backofen auf 180 °C Ober-/Unterhitze vorheizen. Das Eigelb und die Milch verquirlen, den Hefezopf damit bestreichen und mit dem Hagelzucker bestreuen. Im Ofen auf der mittleren Schiene 25 bis 30 Minuten goldgelb backen. Abkühlen lassen und frisch genießen.

✦ HEFEZOPF MIT MANDELN

Das Hefeteigrezept nehme ich nicht nur für die Neujahrsbrezel, sondern auch für einen leckeren Hefezopf. Anstelle des Hagelzuckers schmecken auch gehobelte Mandeln sehr gut.

REGISTER

Fett: Hauptzutaten ✦ *Kursiv:* Warenkunde/Küchenwissen

Q

R

S

T

V

W

Z

ZUR AUTORIN

Angelika Schwalber: Wenn sie lacht, muss man einfach mitlachen. Wenn sie ihre süßen Geheimnisse preisgibt, gerät selbst der konsequenteste Asket in einen Süßrausch. Die Konditormeisterin, Kochbuchautorin und Unternehmerin Angelika Schwalber stammt aus einer traditionsreichen Landwirtschaftsfamilie. Herzlichkeit und Ausstrahlung gehören zu ihr wie ihr Faible fürs Backen. Beim German Chocolate Master sorgte sie für Furore, beim BR moderierte die Spitzenkonditorin »Herzhaft & süß« - im Duett mit Alfons Schuhbeck.

HINWEIS

Die Ratschläge in diesem Buch wurden mit größter Sorgfalt von Autorin und Verlag erarbeitet und geprüft. Eine Garantie kann jedoch nicht übernommen werden. Ebenso ist eine Haftung der Autorin bzw. des Verlags und seiner Beauftragten für Personen-, Sach- oder Vermögensschäden ausgeschlossen.

IMPRESSUM

Hinter jedem tollen Buch steckt ein starkes Team

Projektleitung: *Sonja Forster*
Rezepte & Texte: *Angelika Schwalber*
Lektorat: *Sarah Holzwarth*
Covergestaltung und grafische Gestaltung: *Ina Zimmermann*
Satz: *Marion Feldmann*
Fotografie: *Oliver Brachat & Julia Hoersch*
Foodstyling: *Angelika Schwalber (für Oliver Brachat), Petra Speckmann (für Julia Hoersch)*
Styling: *Maria Grossmann (für Julia Hoersch)*
Herstellung: *Frank Jansen*
Producing: *Jan Russok*
Druck & Bindung: *optimal media GmbH, Röbel*

1. Auflage 2023

Kaiserstraße 14 b
D-80801 München
ISBN: 978-3-96584-346-2

BILDNACHWEIS

Oliver Brachat: 2-2-2-9, 26/27, 33, 39, 41, 43, 46-1, 46-2, 47-1, 47-2, 53, 59-71, 75-83, 87, 89, 93-99, 103, 105, 109, 110, 117-125, 129, 131, 135-147, 150-177; **Julia Hoersch**: 2-1, 6/7, 11-19, 20-1-20-3, 21-25, 29, 31, 35, 37, 45, 49, 51, 55, 57, 73, 85, 91, 101, 107, 113, 115, 127, 133, 149; **Coco Lang**: 20-4, 20-5; **Sandra Seifen Fotografie**: 5, 182;
Umschlag: Oliver Brachat, außer vorne links: Julia Hoersch

FOOD FOTOS

Im Buch enthaltene Fotos können zur eigenen Nutzung erworben werden unter *www.stockfood.de*

LIEBE LESERINNEN, LIEBE LESER

wie schön, dass Sie ein Buch von ZS in den Händen halten. „jetzt leben!" ist das Motto unseres Verlages. Es steht für Genuss und Inspiration, Unterstützung und Motivation. Ob Kulinarik oder Fitness, Gesundheit oder Lebenshilfe – seit über 30 Jahren bieten wir kompetente Ratgeber für (fast) alle Lebenslagen. Wir lieben Tradition genauso wie Innovation – sie treiben uns an. Unsere Autorinnen und Autoren sind Menschen, die zu ihrem Thema wirklich etwas zu sagen und zu schreiben haben. Unsere Produkte sind erzählerisch, appetitmachend und als gedruckte Bücher haptisch echte Erlebnisse. Für Sie mit ganz viel Liebe gemacht! Entdecken Sie mehr aus unserer wunderbaren Welt!

UNSER VERLAGSHAUS

Mit Standorten in Hamburg und München zählt die Edel Verlagsgruppe zu den größten unabhängigen Buchanbietern Deutschlands. Zur Gruppe gehören die Verlage Dr. Oetker Verlag, Edel Sports, KARIBU und ZS.

ZS – Ein Verlag der Edel Verlagsgruppe
www.zsverlag.de
www.facebook.com/zsverlag
www.instagram.com/zsverlag

FÜR DIE UMWELT

ZS unterstützt bei der Produktion dieses Buches das Projekt „Junge Riesen für die nächsten 100 Jahre" im Naturpark Nossentiner/Schwinzer Heide. Damit wird ein Anteil der unvermeidbaren CO_2-Emissionen im direkten Umfeld des Produktionsstandortes kompensiert.

PARTNER
Naturpark Nossentiner/Schwinzer Heide
www.optimal-media.com/naturschutzprojekt-001

NEWSLETTER

Was koche ich heute Feines? Und wie geht das – schmackhaft und gesund?

Melden Sie sich jetzt zum ZS-Genuss-Service an und verpassen Sie keine kulinarischen und gesundheitlichen Trends mehr.
Wir informieren Sie regelmäßig über unsere Neuerscheinungen, Aktionen oder Gewinnspiele und verraten Ihnen unsere Lieblingsrezepte!

GEWINNEN

Unter allen Neuabonnierenden verlosen wir jeden Monat eine *ZS-Genuss-Box* im Wert von 75,00 €.

Jetzt anmelden unter:
www.zsverlag.de/newsletter
oder den QR Code scannen:

ANMELDEN!